VERDI: LA FORZA DEL DESTINO

Opera en Cuatro Actos

જી

Traducción al Español y Comentarios
por E. Enrique Prado

જી

Libreto de
Francesco Maria Piave

Jugum Press

ISBN-13: 978-1-939423-55-9
ISBN-10: 1-939423-55-4

Estudio de Compositor Giuseppe Verdi
y imagen de portada
de Wikimedia Commons – en.wikipedia.org
(en el dominio público en los Estados Unidos y otros países)

Impreso en los Estados Unidos de América
Publicado por Jugum Press
www.jugumpress.com

Edición y diseño:
Annie Pearson, Jugum Press
Consultas y correspondencia:
jugumpress@outlook.com

Índice

Prefacio & La Forza Del Destino

La Forza del Destino es la vigésima segunda ópera escrita por Giuseppe Verdi (1813-1901). Es una ópera en cuatro actos, su libreto escrito por Francesco Maria Piave, basado en *Don Alvaro o La Fuerza del Sino* pieza escrita por Angel de Saavedra, Buque de Rivas.

La ópera tuvo su primera presentación en El Teatro Imperial de San Petersburgo el 10 de Noviembre de 1862. Londres vid, por primera vez ésta obre en Her Majesty's Theatre el 22 de Junio de 1867 y New York el 24 de Febrero de 1865 en la Academy of Music.

Verdi nunca estuvo del todo contento con el libreto original y decidió modificarlo, como su libretista Piave se encontraba enfermo le confió la tarea a Antonio Ghislanzoni quién escribió la versión que escuchamos actualmente y que fue estrenada en La Scala de Milán el 27 de Febrero de 1869 bajo la dirección del pro pio Verdi. Esta presentación tuvo gran éxito.

En Junio de 1861, Verdi estaba en Turín para asistir a una sesión del Parlamento y mientras se encontraba en esa ciudad firmó un contrato con el Teatro Imperial de San Petersburgo para escribir una obra para el invierno siguiente. Verdi propuso la obra: *Don Alvaro o La Fuerza del Sino* que le fue aceptada por la administración del teatro. En esa época gobernaba en Rusia el Zar Alejandro II.

Trabajó durante el Verano en Sant'Agata, mientras Strepponi realizaba los preparativos del viaje, que incluían la provisión de vino: 100 botellas de Burdeos común para las comidas diarias, 20 de un buen Burdeos y 20 de champaña para las ocasiones especiales.

Esperaban permanecer en San Petersburgo desde noviembre hasta enero, por lo tanto llevarían dos criados. Strepponi también ordenó llevar arroz, macarrones, queso y salami para cuatro.

Los ensayos en San Petersburgo, comenzaron poco después de la llegada de Verdi, varias semanas más tarde la prima donna enfermó lo que ocasionó la postergación del estreno. La soprano no mejoró y como no se pudo conseguir una suplente adecuada, a sugerencia de Verdi el estreno se dejó para el siguiente otoño.

Traducción y comentarios por
E. Enrique Prado Alcalá
Tepoztlán, Noviembre de 1997

Sinopsis ᴄᴏ La Forza Del Destino

Acto I

Sevilla, Cuarto de dibujo del Marqués de Calatrava.

Don Alvaro un peruano de sangre Inca, está enamorado de Leonora de Vargas. Ella ha aceptado su oferta de matrimonio, pero su padre el Marqués de Calatrava, desprecia a Alvaro por no ser noble y le ordena a Leonora que no lo vuelva a ver.

Los amantes deciden escaparse, pero en la noche de su huida—son descubiertos por el Marqués quién los acusa de estar actuando en forma muy poco honorable. Asumiendo toda la culpa Alvaro, arroja al piso su pistola y ésta al golpearse, se disparan y hiere de muerte al Marqués quien muere maldiciendo a su hija.

Acto II

Escena 1.
Una posada en Hornachuelos.

Leonora en traje de hombre ha huido de Sevilla, se encuentra sola y ha perdido el rastro de Alvaro desde la fatal noche. Su ansiedad aumenta cuando entre la multitud que está en la posada, descubre a su hermano Don Carlos disfrazado de estudiante, y escucha sus amenazas de venganza.

Mientras tanto, la gitana Preciosilla, anima a los hombres a ir a Italia y unirse a la guerra en contra de los austriacos.

Escena 2.
El Monasterio de Hornachuelos.

Leonora llama a la puerta Fra Melitone abre y ante la insistencia de la muchacha, llama al abad, el padre Guardiano, Leonora le confiesa todo y le pide permiso para llevar vida de ermitaño en alguna de las cuevas cercanas. Él le sugiere un claustro, pero Leonora insiste en su idea a lo cual finalmente accede el abad.

Escena 3.
Se abren las puertas de la capilla
del monasterio mostrando el brillante altar mayor.

Los bajos acordes del órgano se unen al canto suplicante de los monjes. El padre Guardiano, les dice que una maldición caerá sobre todo aquel que trate de investigar la identidad del recién llegado. Luego Guardiano despide a Leonora que en hábito de monje, parte hacia su retiro en la montaña en donde nadie la molestará y en donde quedará bajo la protección del monasterio.

Acto III

Escena 1.
Un bosque cercano a Velletri, Italia.

Don Alvaro creyendo que Leonora ha muerto, se ha alistado en el ejército español bajo el nombre de Don Federico Herreros. Está hundido en sus pensamientos, cuando de pronto escucha gritos pidiendo auxilio. El acude de prisa y pronto regresa con un hombre a quien ha salvado de una banda de rufianes. Él es Don Carlos, que también usa un nombre falso. Ellos no se conocían y terminan siendo amigos.

Poco después una batalla tiene lugar, y Don Alvaro sintiéndose herido de muerte, le ruega a Carlos que jure que le cumplirá su último deseo, busca entre sus cosas y extrae un bulto de cartas que le entrega y le pide que sin leerlas, las queme. Carlos acepta el encargo y Don Alvaro declara que morirá feliz.

Don Carlos sospecha que Don Alvaro ha mentido con respecto a su verdadera identidad, está a punto de leer las cartas para avería guiarla, cuando encuentra entre las cosas del herido un cuadro de Leonora; en ese momento entra el médico y le comunica que su amigo vivirá. Esto hace alegrarse a Carlos, que ahora ya ve la oportunidad de vengarse por la deshonra de su hermana y la muerte de su padre.

Escena 2.
Un campo militar cerca de Velletri.

Alvaro, recuperado de sus heridas, recibe a Carlos, quién le revela su identidad real y luego lo reta a duelo. Alvaro trata de convencerlo de su inocencia pero Carlos no le cree e insiste en el duelo. Los dos hombres pelean furiosamente, pero los separan y se llevan a Carlos.

Alvaro se va, decidido a tomar los votos y enclaustrarse en un monasterio hasta el final de sus días.

A la mañana siguiente, todo es ferviente actividad en el campamento, soldados y campesinos van y vienen, entra marchando un contingente de jóvenes reclutas. Preziocilla, gana su sustento adivinando la suerte, prevalece una atmósfera de patriotismo.

Acto IV

Escena 1.
El Monasterio de Hornachuelos.

En los cinco años que han transcurrido, Don Alvaro—ahora padre Rafael, es notable por su—inmaculada vida y por su compasión hacia los que sufren. La calma de su retiro se rompe cuando Don Carlos llega y pide ver al padre Rafael. Cuando llega Alvaro, Carlos fríamente le presenta dos espadas, ellos deben luchar hasta la muerte. El monje se rehúsa a pelear, Carlos lo insulta, hasta que el fraile benevolente se convierte de nuevo en el fiero hombre de acción. Carlos lo golpea, Alvaro toma la espada y ambos salen del claustro para pelear hasta morir o vencer.

Escena 2.
Un agreste lugar cerca de Hornachuelos.

Leonora sale de su cueva a orar, de pronto, oye el ruido del choque de las espadas, se asusta y entra de nuevo a la caverna.

Carlos es mortalmente herido; le ruega a su enemigo, ahora corno padre Rafael que lo confiese y le dé su absolución, Alvaro no se atreve a hacerlo, pero corre a la ermita en busca del monje que allí habita y se encuentra con Leonora a quién creía muerta, ambos se reconocen, ella ve a su hermano herido y corre a abrazarlo, y a darle la absolución, Carlos que aún no la perdóna la apuñala, aparece el padre Guardiano y alcanza a darle la absolución a la moribunda Leonora, que fallece en los brazos de Alvaro.

FIN

Reparto ∞ La Forza Del Destino

MARQUÉS DE CALATRAVA, padre de Leonora y Carlos — Bajo
DONNA LEONORA DI VARGAS, hija del Marqués de Calatrava — Soprano
DON ALVARO, un peruano con sangre Inca — Tenor
DON CARLO DI VARGAS, hermano de Leonora — Barítono
PREZIOSILLA, una gitana — Mezzosoprano
PADRE GUARDIANO, abad del monasterio — Bajo
CURRA, dama de compañía de Leonora — Mezzosoprano
FRA MELITONE — Barítono

Arrieros, lugareños y la aldea de española
y soldados italianos, españoles e italianos,
Frailes franciscanos, mendigos

Lugar: España e Italia
Era: En el siglo de XVIII

Libreto ॐ La Forza Del Destino

Acto I

Sala de dibujo del Marqués de Calatrava en su palacio en Sevilla.
De las paredes cuelgan cuadros de la familia, y tapices de Damasco.
Al fondo dos ventanas.
El Marqués dando las buenas noches a su hija Leonora,
que se nota preocupada, entra Curra la dama de compañia.

MARQUES
Buona notte, mia figlia.
Addio, diletta...
Aperto è ancora quel veron!

Abrazando a Leonora
1. Buenas noches, hija mía.
Adiós, querida...
¡La puerta de la terraza está abierta!

LEONORA
Oh, angoscia!

A si misma
2. ¡Oh, qué angustia!

MARQUES
Nulla dice il tuo amor?
Perché si triste?

3. ¿No tienes palabras de amor para mí?
¿Por qué estás triste?

LEONORA
Padre, signor.

4. Padre, señor.

MARQUES
La pura aura dé campi
pace al tuo cor donava,
fuggisti lo straniero
di te indegno.
A me lascia la cura dell'avvenir
Nel padre tuo confida
che t'ama tanto.

5. El aire puro del campo
le daba paz a tu corazón,
Ya te deshiciste del extranjero
indigno de ti.
Déjame a mi cuidar de tu futuro
Confió en tu padre
que te ama tanto.

LEONORA
Ah, padre!

6.   ¡Ah, padre!

MARQUES
Ebben che t'ange?
Non pianger.

7.   ¿Bien, que te preocupa?
      No llores.

LEONORA
Oh, rimorso!

A si misma
8.   ¡Qué remordimiento!

MARQUES
Ti lascio.

9.   Te dejo.

LEONORA
Ah, padre mio!

Abrazándolo
10.   ¡Ah, padre mío!

MARQUES
Ti benedica il cielo. Addio.

11.   Que el cielo te bendiga. Adiós.

LEONORA Y MARQUES
Addio!

12.   ¡Adiós!

El Marques, la besa, levanta una linterna y sale.
Curra sigue al Marques, cierra la puerta y escucha.
Luego regresa con Leo nora, que desesperada llora.

CURRA
Temea restasse qui fino a domani!
Si riapre il veron,
tutto s'appronti.
E andiamo.

13.   ¡Temía que se quedara hasta mañana!
      Abriré la puerta de la terraza.
      Todo está listo.
      Vamos.

Ella toma una valija y la llena con ropa.

LEONORA
E si amoroso padre,
avverso fia tanto a voti miei?
No, no, decidermi non so!

14.   ¿Cómo puede un padre tan amoroso
      oponerse tanto a mis deseos?
      ¡Nono puedo decidirme!

CURRA
Che dite?

15.   ¿Qué dices?

LEONORA
Quegli accenti nel cor
come pugnali scendevanmi
Se ancor restava,
appreso il ver gli avrei.

16.   Sus palabras, como puñales, hirieron
      mi corazón.
      Si él se hubiera quedado
      le hubiera dicho la verdad.

CURRA

Domani allor nel sangue
suo saria don Alvaro
od a Siviglia prigioniero,
e forse al patibol poi.

LEONORA

Tacci!

CURRA

E tutto questo perché ei volle
amar chi non l'amava.

LEONORA

Io non amarlo?
Tu ben sai s'io l'ami...
Patria, famiglia, padre
per lui non abbandono?
Ahi troppo, troppo sventurata sono!
Me pellegrina ed orfana,
lungi dal patrio nido.
Un fato inesorabile
sospinge a stranio lido.
Colmo di tristi immagini,
da' suoi rimorsi affranto.
È il cor di questa mísera
dannato a eterno pianto.
Ti lascio, ahimé, con lagrime,
dolce mi terra, addio.
Ahimé, non avrà termine
per mi sì gran dolore! Addio... etc.

CURRA

M'aiuti, signorina,
più presto andrem.

LEONORA

S'ei non venisse?
È tardi!
Mezzanotte è suonata!
Ah, no, più non verra!

CURRA

Qual rumore? Caplestio di cavalli!

17.   Entonces mañana Don Alvaro
estará muerto en su sangre
o prisionero en Sevilla
o quizás en el patíbulo.

18.   ¡Calla!

19.   Y todo esto porque él tenía
que amar a quien no lo amaba.

20.   ¿Que no lo amo?
Tu bien sabes que lo amo...
¿No estoy abandonando por él a
mi patria, mi padre y mi familia?
¡Ah, como soy desventurada!
Yo peregrina y huérfana,
lejos del patrio nido.
Un hecho inexorable
me lleva a extrañas playas.
Llena de tristes imágenes,
y de remordimientos.
Y el corazón de ésta pobre
condenado a eterno llanto.
Te dejo entre lágrimas
mi dulce tierra, adiós.
¡Dios, nunca terminará
mi gran dolor! Adiós... etc.

21.   Ayúdame señorita, así
más pronto nos iremos.

22.   ¿Y si él no viniera?
¡Es tarde!
¡Ha sonado la medianoche!
¡Ah, no, no vendrá más!

23.   ¿Qué es ese ruido? ¡Pasos de caballos!

Corre a la ventana.

LEONORA
È desso!

24. ¡Es él!

CURRA
Era impossibili ch'ei non venisse!

25. ¡Era imposible que no viniera!

LEONORA
O Dio!

26. ¡Oh, Dios!

CURRA
Bando al timore.

27. No tengas miedo.

Don Alvaro entra por la puerta de la terraza, no lleva capa viste una camisa de manga larga, botas y espuelas, al ver a Leonora corre a abrazarla.

ALVARO
Ah, per sempre, o mio bell'angiol,
ne congiunge il cielo adesso!
L'universo in questo amplesso
io mi veggo giubilar.

28. ¡Ah! ¡Para siempre, bello ángel mío,
el cielo nos junta para siempre!
Siento al universo en éste abrazo,
tan jubiloso como yo.

LEONORA
Don Alvaro!

29. ¡Don Alvaro!

ALVARO
Ciel, che t'agita?

30. ¿Cielos, qué es lo que te agita?

LEONORA
Presso è il giorno.

31. Ya va a amanecer.

ALVARO
Da lung'ora
mille inciampi tua dimora
m'han vietato penetrar;
ma d'amor si puro e santo
nulla opporsi può all'incanto,
e Dio stesso il nostro palpito
il letizia tramutò.

Quelle vesti dal verone getta.

32. Durante horas
mil obstáculos me retrasaron
para entrar en tu casa;
pero a un amor puro y santo
como el mío, nada puede oponerse,
y Dios ha cambiado nuestro temor
por alegría.
A Curra
Arroja esas ropas por el balcón.

LEONORA
Arresta.

A Curra
33. Espera.

ALVARO
No, no...

Seguimi,
lascia omai la tua prigione.

LEONORA
Ciel, risolvermi non so,
no, risolvermi non so.

ALVARO
Pronti destrieri di già ne attendono ,
un sacerdote ne asspetta all'ara.
Vieni, d'amore in sen ripara
che Dio dal cielo benedirà!
E quando il sole, nume dell'India,
di mia regale stirpe signore,
il mondo innondi del suo splendore,
sposi, o dilettane, ne troverà.

LEONORA
È tarda l'ora.

ALVARO
Su, via, t'affretta!

LEONORA
Ancor sospendi.

ALVARO
Eleonora!

LEONORA
Diman...

ALVARO
Che parli?

LEONORA
Ten prego, aspetta!

ALVARO
Diman!

34. No, no...
     A Leonora
     Sígueme,
     y deja tu prisión.

35. Cielos, no puedo decidirme,
     nono puedo decidirme.

36. Nos esperan los caballos;
     un sacerdote nos espera en el altar.
     ¡Ven descansa en mis brazos,
     que Dios desde el cielo nos bendecirá!
     Y cuando el sol, Dios de los indios,
     de mi real estirpe inunde
     al mundo con su esplendor oh,
     querida, nos encontrará casados.

37. Se está haciendo tarde.

     A Curra
38. ¡Vamos, apúrate!

     A Curra
39. No, espera.

40. ¡Eleonora!

41. Mañana...

42. ¿Qué dices?

43. ¡Te lo ruego, espera!

44. ¡Mañana!

LEONORA

Dimani si partirà,
Anco una volta il padre mio
povero padre, veder desio.
E tu contento, gli è ver, ne sei?
Sì, perché m'ami
né opporti dei
Anch'io, tu il sai, t'amo io tanto.
Ne son felice! Oh, cielo, quanto!
Gonfio di gioia ho il cor!
Restiamo.
Sì mio Alvaro, io t'amo, io t'amo.

ALVARO

Gonfio hai di gioia il core, e lagrimi!
Come un sepolcro tua mano è gelida!
Tutto comprendo, tutto, signora.

LEONORA

Alvaro, Alvaro!

ALVARO

Eleonora!
Io sol saprò soffrire.
Tolga Iddio che i passi miei
per debolezza segua.
Sciolgo i tuoi giuri.
Le nuziali tede sarebbero per noi
segnai di morte, se tu, com'io,
non m'ami, se pentita...

LEONORA

Son tua, son tua col core e colla vita.
Ah, seguirti, fino agl'ultimi
confini della terra;
con te sfidar impavida
di rio destín, la guerra,
mi fia perenne gaudio
d'eterea volutta.
Ti seguo, andiam.

45. Mañana partiremos
Debo ver a mi padre una vez más
a mi pobre padre.
¿Y tú me lo permitirás?
Si porque me amas
no me lo negarás.
Tú sabes cuánto te amo.
¡Y soy feliz! ¡Oh, cielos cuánto!
¡Mi corazón está lleno de alegría!
Descansemos.
Si, Alvaro mío, yo te amo, yo te amo.

46. ¡Tu corazón está lleno de alegría, y lágrimas!
¡Tu mano está helada como sepulcro!
Ahora entiendo todo, todo, señora.

47. ¡Alvaro, Alvaro!

48. ¡Eleonora!
Yo solo sabré sufrir
Pido a Dios que mis pasos
no sean débiles.
Te libero de tu juramento.
Las antorchas nupciales significaran
muerte si no me amas como yo
o si te arrepientes...

49. Soy tuya con el corazón y con la vida.
Te seguiré hasta el último
confín de la tierra;
contigo desafiaré impávida
los riesgos de la guerra
Será una perenne alegría para mí
y un etéreo éxtasis.
Te sigo, vamos.

Dividerci il fato no, non potrà El destino no podrá separarnos.

ALVARO
Sospiro, luce ed anima
di questo cor che t'ama.
Finché mi batta un palpito
far paga ogni tua brama
il solo ed immutabile.

50.   Suspira, luz de mi alma
éste corazón que te ama.
Y que mientras palpite
cumplirá todos tus deseos
Ven conmigo, vamos.

Dividerci il fato no, non potrá
El destino no podrá separarnos

LEONORA
Ti seguo... etc.

51.   Te sigo... etc.

ALVARO
Eh, no il fato... etc.

52.   Ah, no el destino... etc.

Mientras él va hacia la terraza,
una puerta se oye abriéndose y cerrándose

LEONORA
Qual rumor!

53.   ¿Qué es ese ruido?

CURRA
Ascendono le scale!

54.   ¡Alguien sube por la escalera!

ALVARO
Partiam!

55.   ¡Partamos!

LEONORA
Partiam!
Ti seguo; andiam
Dividerci il fato no, non podrà

56.   ¡Partamos!
Se sigo, vámonos
El destino no podrán separarnos.

ALVARO
Mi segui, andiam.
Dividerci il fato, no, non potrà.

57.   Sígueme, vamos.
El destino no podrá separarnos.

LEONORA
È tardi!

58.   ¡Es tarde!

ALVARO
Allor di calma è duopo.

59.   Debemos tener calma.

CURRA
Vergin Santa!

60.   ¡Virgen Santa!

LEONORA
Colà t'ascondi!

61. ¡Escóndete allí!

ALVARO
No, difenderti degg'io.

62. No debo defenderte.

Saca su pistola

LEONORA
Ripon quell'arma.
Contro al genitore vorresti?

63. Guarda tu arma.
¿La usarías contra mi padre?

ALVARO
No, contro me stesso.

64. No, pero contra mí.

Guarda la pistola

LEONORA
Orrore.

65. Qué horror.

*La puerta se abre y entra el Marqués furioso,
con la espada en la mano,
seguido por dos sirvientes con linternas.*

MARQUES
Vil seddutor!
Infame figlia!

66. ¡Vil seductor!
¡Hija infame!

Se arroja a sus pies.

LEONORA
No, padre mio.

67. No, padre mío.

MARQUES
Io più nol sono.

68. Ya no soy tu padre.

ALVARO
Il solo colpevole sono io.
Ferite, vendicatevi.

Descubriéndose el pecho
69. Soy el único culpable.
Hiéreme, véngate.

MARQUES
No, la condotta vostra
da troppo abbietta origine
uscito vi dimostra.

A Alvaro
70. No, tu conducta muestra
la baja estirpe de tu origen
que se muestra.

ALVARO
Signor Marquese!

71. ¡Señor Marqués!

MARQUES
Scostati!

S'arresti l'empio!

A Leonora
72. ¡Sal de aquí!
A los sirvientes
¡Arresten a éste rufián!

Apuntando a los sirvientes que retroceden.

ALVARO
Guai se alcun di voi si muove.

73. Cuidado con que alguno se mueva.

LEONORA
Alvaro, o ciel,
che fai?

74. Alvaro, oh cielo.
¿Qué haces?

ALVARO
Cedo a voi sol, ferite.

Al Marqués
75. Me entrego solo a ti hiéreme.

MARQUES
Morir per mano mia!
Per mano del carnefice
tal vita spenta sia.

76. ¡Morir por mi mano!
La mano del verdugo
pondrá fin a tu vida.

ALVARO
Siognor di Calatrava!
Pura siccome gli angeli
È vostra figlia, il giuro;
reo sono io solo.
Il dubbio che l'ardir mio qui desta .
Si tolga colla vita.
Eccomi inerme.

77. ¡Señor de Calatrava!
Pura como los ángeles
es vuestra hija, lo juro;
Yo soy el culpable.
La duda que he despertado.
Se paga con la vida.
Aquí estoy, inerme.

Arroja su arma, que al golpear el piso se dispara hiriendo mortalmente al Marqués

MARQUES
Io muoio!

78. ¡Me muero!

ALVARO
Arma funesta!

79. ¡Arma funesta!

Corre hacia su padre herido y cae a sus pies.

LEONORA
Aita!

80. ¡Auxilio!

MARQUES
Lunge da me.
Contamina tua vista la mia morte.

A Leonora
81. Aléjate de mí.
El verte, contamina mi muerte.

LEONORA
Padre!

82.   ¡Padre!

Cae hacia atrás en brazos de sus sirvientes.

MARQUES
Ti maledico.

83.   Te maldigo.

LEONORA
Cielo, pietade!

84.   ¡Cielo, piedad!

ALVARO
Oh, sorte!

85.   ¡Oh, destino!

*Los sirvientes se llevan el cuerpo del Marqués,
mientras Don Alvaro lleva a Leonora al balcón.*

Acto II

Escena 1.
Un mesón en Hornachuelas.
Una gran cocina y un gran comedor en la planta baja del lugar.
A la izquierda la puerta de la calle, hacia atrás una ventana.
A la derecha una gran chimenea encendida.
Hay una mesa grande puesta para comer.
El Alcalde del pueblo y Don Carlos, hermano de Leonora,
en disfraz de estudiante sentados cerca de la chimenea.
Algunas parejas de campesinos, bailan la seguidilla

CAMPESINOS Y ARRIEROS
Hola, hola, hola!
Ben giungi, o mulattier,
la notte a riposar.
Hola, hola, hola!
Qui devi col bicchier
le forze ritemprar.

EL ALCALDE
La cena è pronta.

TODOS
A cena, a cena.

CARLO
Ricerco invan la suora
e il seduttore, perfidi!

ARRIEROS Y CAMPESINOS
Voi la mensa benedite.

EL ALCALDE
Pub farlo il licenziato.

86. ¡Hola, hola, hola!
Bienvenidos arrieros,
a descansar por la noche.
¡Hola, hola, hola!
Levantamos nuestras copas
para retemplar nuestras fuerzas.

87. La cena está lista.

88. A cenara cenar.

89. ¡En vano he buscado a mi hermana
y al pérfido seductor!

Al Alcalde
90. Bendice tú la comida.

91. Que lo haga el licenciado.

CARLO
Di buon grado
In nomine patris, et fili
et Spiritus Sancti.

92. De buen grado
in nomine patris, et fili
et Spiritus Sancti.

TODOS
Amen.

93. Amén.

Leonora, en traje de hombre, llega y observa la escena.

LEONORA
Che vedo! Mio fratello!

94. ¡Que veo! ¡Mi hermano!

Probando la comida.

EL ALCALDE
Buono.

95. Está buena.

CARLO
Eccellente.

96. Excelente.

CAMPESINOS
Par che dica, mangiami, mangiami.

97. Parece que dice, cómeme, cómeme.

CARLO
Tu das epulis accumbere divum

A la hostelera
98. Esta mesa es para dioses.

EL ALCALDE
Non sa il latino,
ma cucina bene.

99. No sabe latín,
pero cocina bien.

CARLO
Viva l'ostessa!

100. ¡Viva la Hostelera!

TODOS
Evviva!

101. ¡Viva!

CARLO
Non vien, maestro Trabuco?

102. ¿Se nos, une Maestro trabuco?

TRABUCO
È venerdi.

103. Es viernes.

CARLO
Digiuna?

104. ¿Ayuna?

LA FORZA DEL DESTINO

TRABUCO
Appunto.

105. ¡Sí!

CARLO
E quella personcina
con lei giunta?

106. ¿Y esa personita
que viene con usted?

PREZIOSILLA
Viva la guerra!

107. ¡Viva la guerra!

TODOS
Preziosilla, brava, brava!

108. ¡Bravo, bravo! ¡Preciosilla!

CARLO
Qui, presso a me.

109. Siéntate junto a mí.

HOMBRES
Qui, presso a me, presso a me.

110. Aquí cerca de mí.

CARLO
Qui, presso a me.

111. Aquí junto a mí.

HOMBRES
Qui, presso a me.
Tu la ventura dirne potrai.

112. Aquí cerca de mí.
Y me podrás decir mi futuro.

PREZIOSILLA
Chi brama far fortuna?

113. ¿Quién quiere hacer fortuna?

HOMBRES
Tutti il vogliamo.

114. Todos queremos.

PREZIOSILLA
Correte allor soldati in Italia
dov'è rotta la guerra
contro al nemico.

115. Entonces corran a Italia como
soldados, en donde hay guerra
contra el enemigo.

OTROS
Morte ai nemici.

116. Muerte a los enemigos.

PREZIOSILLA
Flagel d'Italia eterno
e de figlioli suoi.

117. Eterno flagelo de Italia
y de sus hijos.

HOMBRES
Tutti v'andrem, tutti v'andrem

118. Todos iremos, todos iremos.

PREZIOSILLA
Ed io sarò con voi.

119. Y yo estaré con ustedes.

OTROS
Viva!

120. ¡Viva!

PREZIOSILLA
Al son del tamburo
al brio del corsiero
al nugolo azzurro
del bronzo guerrier.
Dei campi al susurro
s'esalta il pensiero!
È bella la guerra, è bella la guerra,
evviva la guerra, evviva!

121. El sonido del tambor
el brío del corcel
el humo azul
al guerrero de bronce.
¡El susurro de los campos
le exalta el pensamiento!
¡Es bella la guerra, es bella la guerra,
viva la guerra! ¡Viva!

OTROS
E bella la guerra, evviva la guerra!
Evviva la guerra, evviva!

122. ¡Es bella la guerra, viva!
¡Viva la guerra, viva!

PREZIOSILLA
È solo obliato
da vile chi muore.
Al bravo soldato
al vera valore
È premio serbato
di gloria, d'onor!
È bella la guerra, evviva la guerra
evviva la guerra, evviva!

123. Desgracia para
el vil que muere.
¡Para el bravo soldado
para al verdadero valor
hay un premio reservado
de gloria y de honor!
¡Es bella la guerra viva la guerra,
viva la guerra! ¡Viva!

OTROS
È bella la guerra,
evviva la guerra, evviva!

124. ¡Es bella la, guerra,
viva la guerra, viva!

PREZIOSILLA
Se vieni fratello
sarai caporale
E tu colonnello
E tu generale.
Il dio furfantello
dall'arco immortale
al bravo uffiziale.
È bella la guerra, è bella la guerra!
Evviva la guerra, evviva!

125. Si vienes, hermano
serás cabo
y tu coronel
y tu general.
Las hadas del arco inmortal
harán el sombrero
del bravo oficial.
¡Es bella la guerra, es bella!
¡Viva la guerra, viva!

CARLO
E che riserbasi
allo studente?

126. ¿Y que hay reservado
para el estudiante?

PREZIOSILLA
Oh, tu miserrime vicende avrai.

127. Oh, tu tendrás misérrimos sucesos.

CARLO
Che di?

128. ¿Qué dices?

PREZIOSILLA
Non menter il labbro mai.
Ma a te carissimo,
non presto fé.
Non sei studente,
non dirò niente, no, non dirò niente,
ma, gnaffe a me non se la fa.
Tra la la la!

129. Mis labios nunca mienten.
Pero a ti queridísimo,
no te tengo fe.
No eres estudiante,
no diré nada, no, no diré nada,
pero a mí no me engañas.
¡Tra la la la!

OTROS
Evviva la guerra!

130. ¡Viva la guerra!

PREZIOSILLA
È bella la guerra, è bella la guerra!
Evviva la guerra... etc.

131. ¡Es bella la guerra, es bella!
¡Viva la guerra! ... etc.

OTROS
Evviva la guerra ... etc.

132. Viva la guerra ... etc.

PEREGRINOS
Padre eterno Signor,
pietà di noi.

A la distancia
133. Padre eterno Señor,
ten piedad de nosotros.

CARLO, CAMPESINOS
Chi sono?

134. ¿Quiénes son?

EL ALCALDE
Son pellegrini
che vanno al giubileo.

135. Son peregrinos que
van a una fiesta religiosa.

LEONORA
Fuggir potessi!

A si misma
136. ¡Si pudiera huir de aquí!

CARLO, CAMPESINOS
Che passino attendiamo.

137. Esperemos a que pasen.

EL ALCALDE
Preghiam con lor.

TODOS
Preghiamo.

PEREGRINOS
Divin Figlio Signor
pietà di noi.

TODOS
Su noi prostrati e supplici
stendi la man, Signore

LEONORA
Ah, dal fratello salvami.

PEREGRINOS
Santo Spirito, Signor,
pietà di noi.

TODOS
Dall'infernal malore
ne salvi tua bontà.

LEONORA
Salvami dal fratello,
che anela il sangue mio.

PEREGRINOS
Padre eterno, pietà.

TODOS
Su noi prostrati e supplici
stendi la man su noi,
Pietà Signor, pietà

CARLO
Su noi prostrati e supplici
stendi la man su noi
Dall'infernal malore
ne salvi tua bontà.
Pietà Signor, pietà.

138. Recemos con ellos.

139. Recemos.

140. Divino Hijo del Señor
ten piedad de nosotros.

141. Postrados te suplicamos
extiéndenos tu mano, Señor.

142. Ah, sálvame de mi hermano.

143. Espíritu Santo, Señor,
ten piedad de nosotros.

144. De la perdición infernal
nos salve tu bondad.

145. Sálvame de mi hermano
que ansía mi sangre.

146. Padre eterno, piedad.

147. Nos postramos suplicantes
extiéndenos tu mano
Piedad Señor piedad.

148. Nos postramos suplicantes
extiéndenos tu mano.
De la infernal maldad
nos salve tu bondad.
Piedad Señor, piedad.

LEONORA
Se tu nol vuoi, gran Dio
nessun mi salverà!
Ah, pietà Signor, pietà.

PEREGRINOS
Santo Spirito, Signor, pietà.

TODOS
Pietà.

PEREGRINOS
Uno e Trino Signor, pietà.

TODOS
Pietà.

Leonora regresa a su cuarto y cierra la puerta,
los demás vuelven a la mesa.
Un porrón de vino pasa de mano en mano.

CARLO
Viva la buona compagnia!

TODOS
Viva!

CARLO
Salute qui!
L'eterna gloria poi!

TODOS
Così sia.

CARLO
Già cogli angeli, Trabuco?

TRABUCO
E che? Con quest'inferno!

CARLO
E quella personcina
con lei giunta
venne pel giubileo?

TRABUCO
Nol so.

149. ¡Si tú no quieres, gran Dios
nadie me salvara!
Ah, piedad Señor, piedad.

150. Espíritu Santo, Señor, piedad.

151. Piedad.

152. Santa Trinidad, piedad.

153. Piedad.

154. ¡Viva la buena compañía!

155. ¡Viva!

156. ¡Salud aquí!
¡Y gloria eterna después!

157. Así sea.

158. ¿Ya con los ángeles, Trabuco?

159. ¿Y qué? ¡Con éste infierno!

160. ¿Y esa personita
que viene contigo
va a la fiesta religiosa?

161. No lo sé.

CARLO
Per altro è gallo
oppur gallina?

TRABUCO
De' viaggiator non bado
che al danaro.

CARLO
Molto prudente, molto prudente.

Ed ella che giungere la vide,
perché a cena non vien?

EL ALCALDE
L'ignoro.

CARLO
Dissero chiedesse
acqua ed aceto.
Ah, ah, per rinfrescarsi.

EL ALCALDE
Sarà.

CARLO
È ver che è gentile e senza barba?

EL ALCALDE
Non so nulla, non so nulla.

CARLO
Parlar non vuol!
Ancora lei.

Stava sul mulo seduta o a cavalcioni?

TRABUCO
Che noia!

CARLO
Onde veniva?

TRABUCO
So che andrò presto
o tardi in paradiso.

162. ¿Para todos es gallo
o será gallina?

163. De los viajeros solo
me interesa el dinero.

164. Muy prudente, muy prudente.
Al Alcalde
¿Tu viste llegar a esa persona,
por qué no viene a cenar?

165. Lo ignoro.

166. Dijo que quería
agua y vinagre.
Ah, ah, para refrescarse.

167. Si.

168. ¿Es verdad que es gentil y sin barba?

169. No sé nada, no sé nada.

Para sí
170. ¡No quiere hablar!
Trataré de nuevo.
A Trabuco
¿Venia en una mula sentada o montada?

171. ¡Que lata!

172. ¿De dónde viene?

173. Solo sé que tarde
o temprano iré al paraíso.

CARLO
Perché?

174. ¿Por qué?

TRABUCO
Ella il purgatorio
mi fa soffrire.

Levantándose
175. Porque me haces sufrir
como en el purgatorio.

CARLO
Or dove va?

176. ¿Adónde vas?

TRABUCO
In istalla
a dormir colle mie mule,
che non san di latino
né sonno baccellieri
a dormir colle mie mule.

177. Al establo
a dormir con mis mulas
que no saben latín
ni son bachilleres
a dormir con mis mulas.

Recoge sus cosas y se va

TODOS
Ah, ah, è fuggito!

178. ¡Ja, ja, ha huido!

CARLO
Poich'è imberbe l'incognito,
facciamgli col nero due baffetti;
doman ne rideremo.

179. Como el desconocido no tiene
barba, pintémosle negros bigotes;
y mañana nos reiremos.

ARRIEROS, CAMPESINOS
Bravo, bravo!

180. ¡Bravo, bravo!

EL ALCALDE
Protegger debbo i viaggiator;
m'oppongo.
Meglio farebbe dime
d'onde venga, ove vada,
e chi ella sia?

181. Debo proteger al viajero
me opongo.
¡Mejor deberías decirnos
ella de dónde
vas y quien eres!

CARLO
Lo vuol saper! Ecco l'istoria mia.
Son Pereda, son rico d'onore,
baccelliere mi fé Salamanca;
sarò presto in utroque dottore
ché di studio ancor poco mi manca.
Di lá Vargas mi tolse da un anno,
ed a Siviglia con sé mi guidò.

182. ¿Lo quieren saber? He aquí mi historia.
Soy un Pereda, rico y
de honor. Bachiller de Salamanca
pronto tendré un doctorado
ya poco me falta para estudiar.
Hace un año con mi amigo Vargas
me fui a Sevilla.

CARLO

Non astenne Pereda alcun danno,
per l'amico il suo core parlò.
Della suora un amante straniero
colà il padre gli avea trucidato,
ed il figlio da pro cavaliero,
la vendetta ne aveva giurato.
Gli inseguimmo di Cadice in riva,
né la coppia fatal si trovò.
Per l'amico Pereda soffriva,
che il suo core per esso parlò.
Là e dovunque narrar che del pari
la sedotta col vecchio peria.
Che a una zuffa tra servi e sicari
solo il vil seduttore sfuggia.
Io da Vargas allor mi staccava;
ei seguir l'assassino giurò
Verso America il mare solcava,
e Pereda ai suoi studi tornò.

ARRIEROS, CAMPESINOS

Truce storia Pereda narrava!
Generoso il suo core mostrò!
E Pereda a suoi studi tornò.

EL ALCALDE

Sta bene.

PREZIOSILLA

Ucciso fu quel Marchese?

CARLO

Ebben?

PREZIOSILLA

L'assassino rapia sua figlia?

CARLO

Si.

PREZIOSILLA

E voi, l'amico fido, cortese
andaste a Cadice e pria Siviglia?
Ah, gnaffe, a me, non se la fa.
Tra la la la!

(continuó)

Al ausentarme no perdí nada,
y su amistad me fue sincera.
El amante extranjero de su hermana,
mató a su padre y el hijo
ha jurado vengar
la muerte del caballero.
Los seguimos hasta la costa de Cádiz,
pero no los encontramos.
Por su amigo, Pereda sufría
eso lo dijo su corazón.
Por doquier nos dijeron que
la seducida murió con su padre.
Y en una lucha con los sirvientes,
el seductor huyó.
Luego Vargas y yo nos separamos
y seguir al asesino juró.
Hacia América, surcó el mar,
y Pereda a su estudio tornó.

183. ¡Cruel historia narró Pereda!
¡Mostró su corazón generoso!
Y Pereda a estudiar regresó.

184. Está bien.

185. ¿Y fue muerto el Marqués?

186. ¿Y bien?

187. ¿El asesino raptó a su hija?

188. Si.

189. ¿Y tú amigo fiel y cortés
desde Sevilla fuiste a Cádiz?
Tú no me engañas.
¡Tra la la la!

EL ALCALDE
Figliuoli, è tardi;
poiché abbiam cenato,
sì rendan grazie a Dio,
e partiam.

PREZIOSILLA Y CARLO
Partiam!

CAMPESINOS Y ARRIEROS
Partiamo.

CARLO
Buona notte.

ARRIEROS
Buona notte.

ARRIEROS Y CAMPESINOS
Holà, holà!
È l'ora di riposar!
Allegri, o mulattier!
Holà, holà!

CARLO
Son Pereda, son ricco d'onore,
baccelliere mi fé Salamanca.

EL ALCALDE
Sta ben, sta ben, sta ben.

ARRIEROS
Holà! holà!
Allegri o mulattier!
È l'ora di riposar!

PREZIOSILLA
Ah, tra la la!
Ma, gnaffe, a me non se la fà.

CARLO
Buona notte.

ARRIEROS
Buona notte.

190. Hijitos, es tarde;
ya cenamos,
Den gracias a Dios,
y partamos.

191. ¡Partamos!

192. Partamos.

193. Buenas noches.

194. Buenas noches.

195. ¡Hola, hola!
¡Es la hora de reposar!
¡Alegres arrieros!
¡Hola, hola!

196. Soy Pereda, rico y de honor,
bachiller de Salamanca.

197. Está bien, está bien.

198. ¡Hola! ¡Hola!
¡Alegres arrieros!
¡Es hora de reposar!

199. ¡Ah, tra la la!
Tú no me engañas.

200. Buenas noches.

201. Buenas noches.

CARLO Y PREZIOSILLA

Buona notte.

202. Buenas noches.

TODOS

Andiam, andiam, andiam.

203. Vámonos, vámonos, vámonos.

Todos se retiran.

Escena 2.
El Monasterio en Hornachuelos.
Una planicie en lo alto de una escarpada montaña.
Al frente la fachada de de la Iglesia de la Madonna de los Angeles;
a la iz quierda las puertas del monasterio.
Atras de la iglesia, las monta ñas con el pueblo de Hornachuelos.
Al centro del escenario una cruz de piedra.
La luna ilumina la escena.
Leonora llega exhausta, aun vestida como hombre,
con una amplia capa un sombrero de ala ancha y botas.

LEONORA

Son giunta!
Grazie o Dio!
Estremo asil quest'è per me.
Son giunta!
Io tremo!
La mia orrenda storia
è nota in quell'albergo,
e mio fratel narrolla!
Se scoperta m'avesse! Cielo!
Ei disse naviga vers' occaso don Alvaro!

Né morto cadde quella notte in cui io,
io del sangue di mio padre intrisa,
l'ho seguito, e il perde!
Ed or mi lascia, mi fugge!
Ah, ohimé,
non reggo a tant'ambascia.

Madre, Madre,
pietosa Vergine,
perdona il mio peccato,
m'aita quell'ingrato
dal core a cancellar.

204. ¡Al fin llegué!
Gracias a Dios.
Este es mi último asilo.
¡Al fin llegué!
¡Yo tiemblo!
¡Mi horrenda historia
es conocida en el mesón,
y la narró mi hermano!
¡Si me hubiera descubierto! ¡Cielos!
Él dijo que Don Alvaro navega
hacia occidente.
No murió aquella noche en que
me empapé en la sangre de mi padre.
¡Lo seguí y lo perdí!
¡Me dejó y huyó!
Oh Dios,
no soporto tanta pena.
Cae de rodillas.
Madre, Madre,
Virgen piadosa,
perdona mi pecado,
ayúdame a desterrar a aquel
ingrato de mi corazón.

LEONORA

In queste solitudini
espierò, espierò l'errore,
pietà di me, pietà, Signore,
deh, non m'abbandonar!
Pietà, pietà di me, Signore.

(continuó)

¡En ésta soledad
expiaré, expiaré mi error,
ten piedad de mi Señor,
no me abandones!
Ten piedad de mí, Señor.

Se escucha el organo acompañando las oraciones de los frailes.
Ella se levanta.

MONJES

Venite odoremus et procedamus
ante Deum ploremus,
ploremus coram Domino,
coram Domino qui fecit nos.

205.   Vengan adoremos y procedamos
ante Dios imploremos,
imploremos de corazón al Señor,
imploremos el, Señor, que nos hizo.

LEONORA

Ah, che sublimi cantici
dell'organo i concenti
che come incenso ascendono
a Dio sui firmamenti,
inspirano a quest'alma fede,
conforto e calma!
Al santo asilo accorrasi
e l'oserò a quest'ora?
Alcun potria sorprendermi!
O misera Leonora, tremi?
Il pio frate accoglierti
no, non ricuserà, no.
Non mi lasciar, soccorrimi,
pietà Signor, pietà.
Non mi lasciar, pietà Signor!
Deh, non m'abbandonar,
pietà di me Signor.

206.   ¡Ah, qué cantos tan sublimes
del órgano que hace
que como incienso ascienda
a Dios en el firmamento
e inspira a ésta alma fiel,
la conforta y la calma!
¿Al santo asilo acudo
me atreveré a ésta hora?
¡Alguien podría sorprenderme!
¿Tiemblas pobre Leonora?
El piadoso fraile te acogerá
nono te rechazará, no.
No me dejes, socórreme
piedad, Señor, piedad.
¡No me dejes, piedad Señor!
No me abandones,
ten piedad de mi Señor.

MONJES

Ploremus, coram Domino
qui fecit nos.

207.   Imploremos, con el corazón
al Señor que nos hizo.

LEONORA

Pietà di me,
pietà Signor.

208.   Piedad de mí,
piedad Señor.

Ella hace sonar la campana de la puerta del copvento,
se abre la pequeña ventana de la puerta,
dejando pasar la luz de una linterna
que caen sobre el rostro de Leonora.
Fra Melitone pregunta.

MELITONE
Chi siete?

209. ¿Quién es?

LEONORA
Chiedo il Superiore.

210. Quiero al padre Superior.

MELITONE
S'apre alle cinque la chiesa,
se al giubileo venite.

211. La iglesia se abre a las cinco,
si vienes al jubileo.

LEONORA
Il Superiore,
per carità!

212. ¡El Superior,
por caridad!

MELITONE
Che carità a quest'ora?

213. ¿Qué caridad a ésta hora?

LEONORA
Mi manda il Padre Cleto.

214. Me manda el padre Cleto.

MELITONE
Quel sant'uomo?
Il motivo?

215. ¿Ese hombre santo?
¿El motivo?

LEONORA
Urgente.

216. Es urgente.

MELITONE
Perché mai?

217. ¿Porque?

LEONORA
Un infelice...

218. Un infeliz...

MELITONE
Brutta solfa,
però v'apro ond'entriate.

219. Está bien
te abriré para que entres.

LEONORA
Non posso.

220. No puedo.

MELITONE

No? Scomunicato siete?
Che strano fia aspettar
a ciel sereno.
V'annuncio,
e se nomn torno,
buona notte.

221. ¿No? ¿Estas excomulgado?
Que extraño que esperes
bajo el cielo sereno.
Te anunciaré,
y si no regreso
buenas noches.

El cierra la ventana

LEONORA

Ma s'ei mi respingesse?
Fama pietoso il dice,
Ei mi proteggerà
Vergin, m'assisti.

222. ¿Y si me rechaza?
Tiene fama de ser piadoso,
El me protegerá.
Ayúdame Virgen.

El Padre Guardiano y Melitone llegan a la puerta

GUARDIANO

Chi mi cerca?

223. ¿Quién me busca?

LEONORA

Son io.

224. Soy yo.

GUARDIANO

Dite.

225. Dime.

LEONORA

Un segreto.

226. Un secreto.

GUARDIANO

Andate, Melitone.

227. Vete, Melitone.

MELITONE

Sempre segreti!
E questi santi soli han da saperli!
Noi siamo tanti cavoli.

228. ¡Siempre secretos!
¡Y solo éstos santos deben saberlo!
Nosotros somos villanos.

GUARDIANO

Fratello, mormorate?

229. ¿Hermano, murmuras?

MELITONE

Oibò, dico ch'è pesante la porta
e fa rumore.

230. Digo que la puerta está pesada
y hace ruido.

GUARDIANO

Obbedite.

231. Obedece.

MELITONE

Che tuon da superiore!

232. ¡Qué tono de superior!

Entra al monasterio.

GUARDIANO

Or siam soli, siam soli.

233. Ahora estamos solos.

LEONORA

Una donna son io.

234. Soy una mujer.

GUARDIANO

Una donna a quest'ora!
Gran Dio!

235. ¡Una mujer a ésta hora!
¡Dios!

LEONORA

Infelice, delusa, rejetta,
dalla terra e del ciel maledetta,
che nel pianto prostratavi al piede.
di sottrarla all'inferno vi chiede.

236. Infeliz, desilusionada, rechazada,
maldecida en el cielo y la tierra.
Me postro a tus pies
para que me salves del infierno.

GUARDIANO

Come un povero
frate lo può?

237. ¿Cómo puede un pobre
fraile hacer eso?

LEONORA

Padre Cleto un suo
foglio v'invio?

238. ¿No te envió una carta
el Padre Cleto?

GUARDIANO

Ei vi manda?

239. ¿Él te manda?

LEONORA

Sì.

240. Si.

GUARDIANO

Dunque voi siete Leonora di Vargas!

241. ¡Entonces tú eres Leonora de Vargas!

LEONORA

Fremete!

242. ¡Estás asustado!

GUARDIANO

No. Venite fidente alla croce
là del cielo v'ispiri la voce.

243. No. Ven con fe a la cruz
la voz del cielo te inspirará.

*Arrodillándose a un lado de la cruz,
mirando a Guardiano.*

LEONORA

Più tranquilla l'alma sento
dacché premo questa terra;
de' fantasmi lo spavento
più non provo farmi guerra.
Più non sorge sanguinante
di mio padre l'ombra innante,
né terribile l'ascolto la sua figlia maledir.

GUARDIANO

Sempre indarno qui rivolto
fu di Satana l'ardir.

LEONORA

Perciò tomba qui desio
fra le rupi ov'altra visse.

GUARDIANO

Che! Sapete?

LEONORA

Cleto il disse.

GUARDIANO

E volete?

LEONORA

Darme a Dio.

GUARDIANO

Guai per chi si lascia illudere
dal delirio d'un momento!
Più fatal per voi si giovane
giungerebbe il petimento.

LEONORA

Ah, tranquilla l'alma sento,
dacche premo questa terra... etc.

GUARDIANO

Guai per chi si lascia illudere
Guai, guai,
Chi può leggere il futuro?
Chi immutabil farvi il core?
E l'amante?

244. Muy tranquila ciento el alma
desde que llegué a ésta tierra;
se dejó los fantasmas
que ya no pueden hacerme la guerra.
Ya no surge sangrante
la sombra de mi padre ni lo escucho,
a su hija maldecir.

245. Los deseos de Satán no se
cumplen si los rechazamos.

246. Por eso quiero una celda
entre las rocas.

247. ¿Cómo sabes?

248. Cleto me lo dijo.

249. ¿Y qué es lo que quieres?

250. Darme a Dios.

251. ¡Pobre del que se deja ilusionar
por el delirio de un momento!
Más fatal para ti tan joven
si no honras tu petición.

252. Ah, tranquila el alma siento,
desde que llegué a ésta tierra... etc.

253. Pobre del que se deja ilusionar,
pobre de él.
¿Quién puede leer el futuro?
¿Quién inmutable cambia su corazón?
¿Y su amante?

LEONORA
Involuntario
m'uccise il genitor.

GUARDIANO
E il fratello?

LEONORA
La mia morte
di sua mano egli giurò.

GUARDIANO
Meglio a voi le sante porte
schiuda un chiostro.

LEONORA
Un chiostro? Un chiostro? No.
Se voi scacciate questa pentita
andrò per balze, girdando aita,
ricovro ai monti,
cibo alle selve.
E fin le belve ne avran pietà.
Ah, sì del cielo qui udii la voce:
"Salvati all'ombra di questa croce"
Voi mi scacciate? Voi?
È questo il porto.
Chi tal conforto mi toglierà?

GUARDIANO
A te sia gloria, o Dio clemente,
Padre dei miseri omnipossente.

LEONORA
Qui del ciel udii la voce
"Salvati all'ombra di questa croce"

GUARDIANO
A cui sgabello sono le sfere!
Il tuo voler si compirà!

LEONORA
E questo il porto
chi tal conforto mi togliera?
Chi tal conforto... etc.

254. En forma involuntaria
      mató a mi padre.

255. ¿Y tú hermano?

256. El juró que me matará
      con sus propias manos.

257. Es mejor para ti entrar
      a un santo claustro.

258. ¿Un claustro? ¿Un claustro? No.
      Si rehúsas mi petición
      iré por los barrancos gritando,
      por ayuda, por asilo en los montes,
      alimento en los bosques.
      Y al fin las bestias no tendrán piedad.
      Ah, del cielo oí la voz diciendo:
      "Sálvate a la sombra de ésta cruz"
      ¿Tú me rechazas? ¿Tu?
      Este es el puerto.
      ¿Qué me conforta tú me lo quitarás?

      Para si mismo.
259. Gloria a ti Dios clemente,
      Padre omnipotente de los que sufren.

260. Aquí oí la voz del cielo
      "Sálvate a la sombra de ésta cruz"

261. ¡El universo es un escalón!
      ¡Tú deseo se cumplirá!

262. ¿Este es el puerto
      quién me quitará su consuelo?
      Quien me... etc.

GUARDIANO

Dio clemente a te sia gloria.
Il tuo volere si compirà... etc.

È fermo il voto?

LEONORA

È fermo.

GUARDIANO

V'accolga dunque Iddio.

LEONORA

Bontà divina!

GUARDIANO

Sol io saprò chi siate.
Tra le rupi è uno speco; ivi starete.
Presso una fonte, al settimo dì,
scarso cibo porrovvi io stesso.

LEONORA

V'andiamo.

GUARDIANO

Melitone!
Tutti i fratelli con ardenti ceri,
dov'è l'ara maggiore,
nel tempio si raccolgan del Signore.

Sull'alba il piede all'eremo
solinga volgerete;
ma pria dal pane angelico
conforto all'alma avrete.
Le sante lane a cingere ite,
e sia forte il cor.
Sul nuovo calle a reggervi
v'assisterà il Signor.

LEONORA

Tua grazia, o Dio
sorride alla rejetta!
Oh, gaudio insolito,
io son ribenedetta!

263. Dios clemente la gloria sea para ti.
Tu deseo se cumplirá... etc.
A Leonora
¿Es firme tu voto?

264. Es firme.

265. Que Dios te bendiga.

266. ¡Divina bondad!

267. Solo yo sabré quien eres.
Entre las rocas hay una cueva; ahí estarás.
Cerca de la fuente, al séptimo
día te dejaré un poco de alimento.

268. Vayamos.

A Melitone que llega
269. ¡Melitone!
Que todos los hermanos con ceras,
ardientes se junten,
en el altar mayor del templo del Señor.
A Leonora
Al alba marcharás
sola a la ermita.
Después de la comunión
tendrás tu alma confortada.
Te pondrás el hábito de lana te irás,
y que tenga fuerza tu corazón.
En la nueva vida que
soportarás, te asistirá el Señor

270. ¡Tú gracia, oh Dios
sonríe a la rechazada!
¡Oh, gozo insólito
yo soy re bendecida!

LEONORA

Già sento in me rinascere
a nuova vita il cor.
Plaudite, o cori angelici
mi perdonò il Signor.

GUARDIANO

Le sante lane a cingere ite
e sia forte il cor ... etc.

LEONORA

Plaudite o cori angelici ... etc.

(continuó)

Ya siento en mí renacer
nueva vida en mi corazón.
Aplaudan coros angelicales
me ha perdonado el Señor.

271. La santa lana ciñe, vete y
que tu corazón sea fuerte... etc.

272. Aplaudan coros angelicales... etc.

Entran a una habitación.

Escena 3

*Las grandes puertas de la iglesia están abiertas,
al fondo puede verse el iluminado altar mayor.*
*El órgano está tocando, los frailes están alineados a ambos lados de la nave sosteniendo ve las encendidas.
Entra el padre Guardiano seguido de cerca por Leo nora en hábito de monje.
Los frailes se agrupan alrededor y Leono ra se arrodilla ante Guardiano.*

GUARDIANO

Il santo nome di Dio Signore,
sia benedetto.

Acercando su mano solemnemente a Leonora.

273. El Santo nombre de Dios Nuestro Señor,
sea bendito.

MELITONE Y FRAILES

Sia benedetto.

274. Sea bendito.

GUARDIANO

Un'alma a piangere viene l'errore
tra queste balze chiede ricetto.
Il santo speco noi le schiudiamo.
V'è noto il loco?

275. Una alma que viene a llorar su error
entre éstas barrancas pide asilo.
Le abriremos la santa ermita.
¿Conocen el lugar?

MELITONE Y FRAILES

Lo conosciamo.

276. Lo conocemos.

GUARDIANO

A quell'asilo sacro inviolato
nessun si appressi.

277. Nadie debe aproximarse a aquel
asilo santo e inviolado.

MELITONE Y FRAILES

Obbedirem.

278. Obedeceremos.

GUARDIANO

Il cinto umile non sia varcato
che nel divide.

279. Al humilde recinto nadie
debe entrar.

MELITONE Y FRAILES

Nol varcheremo.

280. No entraremos.

GUARDIANO

A chi il divieto frangere osasse.
O di quest'alma scoprir tentasse
nome o mistero, maledizione!

281. Al que ose infringir ésta prohibición.
¡O intentara descubrir
el misterio o el nombre será maldecido!

GUARDIANO, MELITONE Y FRAILES

Maledizione! Maledizione!
Il cielo fulmini, incenerisca,
l'empio mortale se tanto ardisca
su lui scatenisi ogni elemento,
l'immonda cenere.
Ne sperda il vento ... etc.
Maledizione, Maledizion,!

282. ¡Maldición! ¡Maldición!
Que el cielo fulmine
al impío mortal que se atreva
y que los elementos esparzan
sus inmundas cenizas.
Por el viento... etc.
¡Maldición, Maldición!

GUARDIANO

Alzatevi e partite.
Alcun vivente più non vedrete.
Dello speco il bronzo ne avverta
se periglio vi sovrasti,
O per voi giunto
sia l'estremo giorno.
A confortarvi l'alma volerem
pria che a Dio faccia ritorno.

A Leonora
283. Levántate y parte.
Nadie te volverá a ver.
En la cueva hay una campana
hazla sonar si estuvieras,
en peligro o para llamarnos
a la hora de tu muerte.
Iremos a confortar tu alma
rogando para que retorne a Dios.

GUARDIANO, MELITONE Y FRAILES

La Vergine degli angeli
vi copra del suo manto,
E voi protegga vigile
di Dio l'angelo santo.

284. La Virgen de los ángeles
te cubra con su manto,
te cuide y te proteja
de Dios el ángel santo.

LEONORA

La Vergine degli angeli
mi copra del suo manto.
E mi protegga vigile.
Di Dio l'angelo santo
La Vergine degli angeli
E me protegga l'angelo di Dio.

285. La Virgen de los ángeles
me cubra con su manto.
Y me proteja.
De Dios el ángel santo
Que la Virgen de los ángeles
y el ángel de Dios me protejan

GUARDIANO MELITONE Y FRAILES

La Vergine degli angeli	286.	La Virgen de los ángeles
vi copra del suo manto.		te cubra con su manto.
E voi protegga vigile l'angelo di Dio.		Y te proteja el ángel de Dios.

Leonora besa la mano del padre Guardiano,
se levanta y sale con rumbo a la ermita.
Guardiano la bendice.

Acto III

Escena 1.
Un bosque cerca de Velletri Italia, es una noche obscura.
Don Alvaro en uniforme de Capitan español
de los Granaderos del Rey, entra lentamente.

SOLDADOS
Attenti al gioco attenti.

UN SOLDADO
Un asso a destra.

OTRO SOLDADO
Ho vinto.

SOLDADOS
Attenti al gioco, attenti.

SOLDADO
Un tre alla destra.

SOLDADO
Cinque a manca.

SOLDADO
Perdo.

SOLDADOS
Attenti, attenti, attenti.

ALVARO
La vita è inferno all'infelice.
Invano morte desio!
Siviglia, Leonora! Oh rimembranza!
Oh, notte ch'ogni ben mi rapisti!
Sarò infelice eternamente, è scritto.

287. Atentos al juego, atentos.

288. Un as a la derecha.

289. He ganado.

290. Atentos al juegos, atentos.

291. Un tres a la derecha.

292. Cinco a la izquierda.

293. Pierdo.

294. Atentos, atentos, atentos.

295. La vida es un infierno para los infelices.
¡En vano deseo la muerte!
¡Sevilla, Leonora!
¡Oh, noche que me quitaste toda mi dicha!
Seré infeliz eternamente, está escrito.

ALVARO

Della natal sua terra il padre volle
spezzar l'estranio giogo,
E coll'unirsi all'ultima dell'Incas
la corona cingere confidò.
Fu vana impresa.
In un carcere nacqui;
m'educava il deserto.
Sol vivo perché ignota
È mia regale stirpe!
I miei parenti sognaro un trono,
E li destò la scure!
Oh, quando fine avran le mie sventure!
Oh, tu che in seno agl'angeli
eternamente pura, salisti bella,
incolume dalla mortal jattura,
non iscordar di volgere
lo squardo a me tapino,
che senza nome ed esule,
in odio del destin,
chiedo anelando,
ahi misero, la morte d'incontrar.
Leonora mia, soccorrimi,
pietà del mio penar.
Soccorrimi, pietà di me!

CARLO

Al tradimento.

SOLDADOS

Muoia.

ALVARO

Quali grida!

CARLO

Aita!

ALVARO

Si soccorra.

SOLDADOS

Muoia, muoia.

(continuó)

Mi padre quito librar a su
tierra del yugo español,
y ganar la corona casándose
con la última de las Incas.
Fue vana empresa.
En una cárcel nací;
me eduqué en el desierto.
¡Solo vivo porque mi
real estirpe es desconocida!
¡Mis parientes soñaron con un trono,
los despertó el hacha!
¡Oh, cuándo terminarán mis desventuras!
Tu del seno de los ángeles
eternamente pura, saliste bella,
e incólume de la mortal corrupción,
no te olvides de pensar
en la miserable vida que llevo
sin nombre y exiliado
con odio del destino
y anhelando,
encontrar la muerte.
Leonora mía, socórreme,
ten piedad de mi penar.
¡Socórreme, ten piedad de mí!

A distancia

296. Nos han traicionado.

297. Que muera.

298. ¡Qué son esos gritos!

299. ¡Auxilio!

300. Alguien pide auxilio.

301. ¡Que muera, que muera!

Alvaro corre a prestar ayudase escucha
el chocar de las espadas.
Algunos soldados corren en retirada.
Alvaro regresa con Carlos.

ALVARO
Fuggir!
Ferito siete?

302. ¡Huyes!
¿Estás herido?

CARLO
No, vi debbo la vita.

303. Note debo la vida.

ALVARO
Chi erano?

304. ¿Quiénes eran?

CARLO
Assassiní.

305. Asesinos.

ALVARO
Presso al campo così?

306. ¿Tan cerca del campamento?

CARLO
Franco dirò
fu alterco al gioco.

307. Seré franco
fue un pleito por el juego.

ALVARO
Comprendo colà,
a destra?

308. ¿Comprendo,
allá a la derecha?

CARLO
Sì.

309. Si.

ALVARO
Ma come si nobile d'aspetto,
a quella bisca scendeste?

310. ¿Pero cómo alguien noble como,
tú cayó en un garito?

CARLO
Nuovo sono.
Con ordini del general
sol ieri guinsi.
Sensa voi morto sarei.
Or dite a chi debbo la vita?

311. Soy nuevo aquí.
Con órdenes del general
apenas llegué ayer.
Sin ti estaría muerto.
¿Ahora dime a quién le debo la vida?

ALVARO
Al caso.

312. A la casualidad.

CARLO
Pria il mio nome dirò.

Non sappia il vero.
Don Felice de Bornos,
aiutante del Duce.

313. Primero te diré mi nombre.
Para si.
Que no sepa el verdadero.
Don Felice de Bornos
ayudante del Duque.

ALVARO
Io, capitan dei Granatieri,
Don Federico Herreros.

314. Yo, capitán de Granaderos,
Don Federico Herreros.

CARLO
La gloria dell'esercito!

315. ¡La gloria del ejército!

ALVARO
Signore...

316. Señor...

CARLO
Io l'amistà ne ambia;
la chiedo e spero.

317. Yo ambiciono tu amistad;
la quiero y la espero.

ALVARO
Io pure della vostra sarò fiero.

318. Yo estaré orgulloso de la tuya.

Se estrechan las manos

CARLO Y ALVARO
Amici in vita e in morte
il mondo ne vedrà.
Uniti in vita e in morte
entrambi troverà.

319. Amigos en la vida y en la muerte,
el mundo nos verá.
Unidos en la vida y en la muerte
ambos estaremos.

SOLDADOS
All'armi, all'armi!

320. ¡A las armas, a las armas!

CARLO Y ALVARO
Andiamo, all'armi!

321. ¡Vamos, a las armas!

SOLDADOS
All'armi, all'armi!

322. ¡A las armas, a las armas!

CARLO
Con voi scendere al campo d'onor
emularne l'esempio potrò.

323. Contigo iré al campo de honor,
podré emular tu ejemplo.

ALVARO

Testimone del vostro valor
ammirarne le prove saprò.

324. Yo, testimonio de vuestro valor
con admiración seré.

ALVARO, CARLOS, SOLDADOS

All'armi, all'armi!
Corren a tomar las armas.

325. ¡A las armas, a las armas!
Llegan oficiales y el cirujano.

OFICIAL

Arde la mischia!

326. ¡Arde la batalla!

Mirando a traves del catalejo.

CIRUJANO

Prodi i granatieri!

327. ¡Valientes granaderos!

OFICIAL

Li guida Herreros.

328. Los guía Herreros.

CIRUJANO

Ciel! Ferito ei cadde!
Piegano i suoi!
L'aiutante li raccozza,
alla carica li guida!
Già fuggono i nemici!
I nostri han vinto!

329. ¡Cielos! ¡El cayó herido!
¡Los suyos se repliegan!
¡El ayudante los reorganiza
y los guía a la carga!
¡Ya huye el enemigo!
¡Los nuestros han vencido!

SOLDADOS

A Spagna gloria!
Viva l'Italia! Vittoria!

330. ¡Gloria a España!
¡Viva la Italia! ¡Victoria!

CIRUJANO

Portan qui ferito il capitano.

331. Traen al capitán herido.

Cuatro soldados traen a Don Alvaro en una camilla.
Está se riamente herido. Carlos lo acompaña lo recibe el cirujano.

CARLO

Piano... qui posi,
approntisi il mio letto.

332. Con cuidado... pónganlo aquí,
alisten mi cama para él.

CIRUJANO

Silenzio.

333. Silencio.

CARLO

V'ha periglio?

334. ¿Es grave?

CIRUJANO
La piaga che ha nel petto
mí spaventa.

335. Me preocupa la bala que tiene
en el pecho.

CARLO
Deh, il salvarte.

336. Debe salvarlo.

ALVARO
Ove son?

337. ¿En dónde estoy?

CARLO
Presso l'amico.

338. Con tu amigo.

ALVARO
Lasciatemi morire.

339. Déjenme morir.

CARLO
Vi salveran le nostre cure.
Premio l'Ordine
vi sarà di Calatrava.

340. Te salvarán nuestros remedios.
Ganaste como premio
la Orden de Calatrava.

ALVARO
Di Calatrava!
Mai, mai!

341. ¡De Calatrava!
¡Jamás, jamás!

CARLO
Che! Inorridi di
Calatrava al nome!

A si mismo.
342. ¡Que! ¡Lo horroriza
el nombre de Calatrava!

ALVARO
Amico.

343. Amigo.

CIRUJANO
Se parlate.

344. Si le hablan.

ALVARO
Un detto sol.

345. Solo una palabra.

CARLO
Ven prego ne lasciate.

Al cirujano
346. Por favor, déjenos solos.

ALVARO
Solenne in quest'ora
giurami dovete far pago un mio voto.

347. Júrame en ésta solemne hora
tomar los votos que hice.

CARLO

Lo giuro, lo giuro.

348. Lo juro, lo juro.

ALVARO

Sul core cercate...

349. Busca cerca de mi corazón...

CARLO

Una chiave!

350. ¡Una llave!

ALVARO

Señalando a una caja.

Con essa trarrete
un piego celato!
L'affido all'onore,
colà v'ha un mistero
che meco morrà.
S'abbruci me spento.

351. ¡En esa caja
encontrarás una carta sellada!
Que confío a tu honor,
ella contiene un secreto que
conmigo debe morir.
Quémala cuando yo haya muerto.

CARLO

Lo giuro, sarà.

352. Lo juro. Así se hará.

ALVARO

Or muoio tranquillo
vi stringo al cor mio.

353. Ahora muero tranquilo
déjame abrazarte.

CARLO

Amico, fidate.
Fidate nel cielo. Addio.

354. Amigo confía.
Confía en el cielo. Adiós.

ALVARO

Al core or muoio tranquillo. Addio.

355. Ya puedo morir tranquilo. Adiós.

Los camilleros llevan a Alvaro a otro cuarto.

CARLO

Morir, tremenda cosa!
Sì intrepido, si prode,
ei pur morrà!
Uom singolar costui!
Tremò di Calatrava al nome!
A lui palese n'è forse il disonor?
Cielo! Qual lampo!
S'ei fosse il seduttore?
Desso in mia mano, e vive!
Se m'ingannassi?
Questa chiave il dica!

356. ¡Morir, que cosa tan tremenda!
¡Tan intrépido, tan galante,
él morirá!
¡Es un hombre misterioso!
¡Tembló ante el nombre de Calatrava!
¿Sabrá de nuestro deshonor?
¡Cielos! ¡Creo que veo una luz!
¿Y si él fuera el seductor?
¡Lo tengo en mi mano, y vive!
¿Y si estoy equivocado?
Esta llave me lo dirá.

Nerviosamente abre la caja y saca un sobre

Ecco i fogli!	¡Aquí están los papeles!
Che tento!	¿Qué estoy haciendo?

Esta a punto de abrir el sobre

E la fé che giurai?	¿Y el juramento que hiciste?
E questa vita,	¿Yo mi vida
che debbo al suo valor?	que debo a su valor?
Anch'io lo salvo!	¡Aunque yo salvé la de él!
S'ei fosse quell'indo maledetto	¿Y si él fuera aquel indio maldito
che macchiò il sangue mio?	que manchó mi sangre?
Il suggello si franga,	Romperé el sello,
niun qui mi vede.	nadie aquí me ve.
No? Ben mi vegg'io.	¿No? Me veo a mí mismo.

Arroja el sobre y retrocede estremeciéndose.

Urna fatale del mio destino	Aléjate, urna fatal de mi destino,
va, t'allontana, mi tenti invano.	me tientas en vano.
L'onor a tergere qui venni e insano	Es insano romper el honor
d'un onta nuova nol macchierò.	no me mancharé de vergüenza.
Un giuro è sacro per l'uom d'onore	Un juramento es sagrado para
que' fogli serbino il lor mistero	el hombre de honor.
disperso vada il mal pensiero	Dejemos que las cartas
che all'atto indegno mi concitò.	guarden su secreto.
E s'altra prova rinvenir potessi?	¿Y si hubiera otra prueba?
Vediam.	Veamos.

*Vuelve a abrir la caja
y encuentra un medallón.*

Qui v'ha un ritratto	Aquí debe haber un retrato
suggel non v'è...	No tiene sello...
Nulla ei ne disse	Él no dijo nada
nulla promisi.	al respecto.
S'apra dunque.	Entonces lo abro.
Ciel! Leonora!	¡Cielos! ¡Leonora!
Don Alvaro è il ferito!	El herido es Don Alvaro!
Ora egli viva.	Ojalá que sobreviva.
E di mia man poi muoia.	Y por mi mano después muera.

CIRUJANO

Lieta novella, è salvo.	357. Buenas noticias, se salvó.

CARLO

È salvo, è salvo! Oh, gioia!
Ah, egli è salvo,
oh gioia immensa
che m'innondi il cor ti sento!
Potrò alfine il tradimento
sull'infame vendicar.
Leonora, ove t'ascondi?
Di, seguisti tra le squadre
chi del sangue di tuo padre
ti fé volto rosseggiar?
Ah, felice appien sarei
se potessi il brando mio
ambedue d'averno al Dio.
D'un sol colpo consacrar!

358. ¡Se ha salvado! ¡Qué alegría!
¡Ah, se ha salvado,
alegría inmensa
me inunda el corazón!
Al fin podré la traición del
infame vengar.
¡Leonora, en donde te escondes?
¿Seguiste a éste campo
a quien con la sangre de tu padre
te hace enrojecer?
Ah, sería muy feliz
si pudiese con mi espada
y un solo golpe
enviarlos a los dos al averno.

Escena 2.
Un campo militar cerca de Velletri.
Al fondo y a la izquierda, una tienda de cosas de segunda mano,
enfrente otra tienda en donde se venden alimentos frutas y bebidas.
Tiendas de campaña, y carretas, esparcidas.
Es de noche, la escena desierta, entra la patrulla nocturna.

SOLDADOS

Compagni, sostiamo;
il campo esploriamo;
non s'ode rumor,
Non brilla un chiarore;
in sonno profondo sepolto ognun sta.
Compagni, inoltriamo,
il campo esploriamo;
fra poco la sveglia
suonare s'udrà.
Andiam compagni, andiam.

359. Compañeros, exploremos
el campo no se escucha ruido
ni brillan las luces;
Todos sepultados
en un sueño profundo.
Compañeros exploremos
el campo no se escucha ruido
dentro de poco los ruidos de
la mañana los despertará.
Vamos compañeros, vamos.

ALVARO

Né gustare m'è dato
un'ora di quiete.
Affranta è l'alma
dalla lotta crudel.
Pace ed oblio
indarno io chieggo al cielo.
Indarno, indarno.

360. No he disfrutado ni una hora
de tranquilidad.
Abatida tengo el alma
por la lucha cruel.
Paz y olvido
en vano pido al cielo.
En vano, en vano.

CARLO
Capitano.

ALVARO
Chi mi chiama?
Voi che si larghe cure
mi prodigaste?

CARLO
La ferita vostra sanata è apienno?

ALVARO
Sì.

CARLO
Forte?

ALVARO
Quale prima.

CARLO
Sosterreste un duel?

ALVARO
Con chi?

CARLO
Nemici non avete?

ALVARO
Tutti ne abbiam...
ma a stento comprendo.

CARLO
No? Messaggio non v'inviava
Don Alvaro, l'Indiano?

ALVARO
Oh tradimento!
Sleale! Il segreto fu dunque violato?

CARLO
Fu illeso quel piego,
l'effigie ha parlato.
Don Carlo di Vargas, tremate io sonno.

361. Capitán.

362. ¿Quién me llama?
¡Tú que tantos cuidados
me prodigaste?

363. ¿Ha sanado totalmente tu herida?

364. Sí.

365. ¿Estás fuerte?

366. Como siempre.

367. ¿Sostendrías un duelo?

368. ¿Con quién?

369. ¿No tienes enemigos?

370. Todos los tenemos...
pero apenas te comprendo.

371. ¿No? ¿No envió un mensaje
Don Alvaro, el indio?

372. ¡Oh, traición!
¡Desleal! ¡El secreto fue entonces violado?

373. Aquella carta no se abrió,
la efigie ha hablado.
Don Carlo de Vargas, tiembla yo soy.

ALVARO

D'ardite minacce
non m'agito al suono.

CARLO

Usciamo all'istante
un deve morire.

ALVARO

La morte disprezzo, ma duolmi inveire
contr'uom che per primo
amistade m'offria.

CARLO

No, no profanato tal nome non sia.

ALVARO

Non io, fu il destino,
che il padre v'ha ucciso;
non io che sedussi
quell'angiol d'amore.
Ne guardano entrambi,
e dal paradiso ch'io sono
innocente vi dicono al core.

 CARLO

Adunque colei?

ALVARO

La notte fatale io caddi
per doppia ferita mortale.
Guaritone, un anno in traccia ne andai.
Ahimé ch'era spenta Leonora trovai.

CARLO

Menzogna! Menzogna!
La suora ospitalava
antica parente;
vi giunsi, ma tardi.

ALVARO

Ed ella?

CARLO

Fuggente!

374. Te atreves a amenazarme
pero eso no me altera.

375. Salgamos al instante,
uno de nosotros debe morir.

376. Desprecio a la muerte, pero me duele
luchar contra el hombre
que me ofreció su amistad.

377. No, no dejes que ese nombre sea profanado.

378. No fui yo, fue el destino
quién mató a tu padre;
no fui yo quien sedujo
a aquel ángel de amor.
Ellos miran desde
el paraíso y dicen con su
corazón que yo soy inocente.

379. ¿Y ella?

380. La noche fatal yo caí
con dos heridas mortales.
Me recobré y anduve un año tras sus huellas.
Nunca pude encontrar a Leonora.

381. ¡Mentira! ¡Mentira!
Mi hermana se hospedaba
con una vieja pariente;
Yo llegué ahí, pero tarde.

382. ¿Y ella?

383. ¡Fugitiva!

ALVARO
E vive! Ella vive! Gran Dio!

384. ¡Ella vive! ¡Gran Dios!

CARLO
Sì, vive.

385. Si, vive.

ALVARO
Don Carlo, amigo il fremito
ch'ogni mia fibra, mia fibra scuote
vi dice che quest' anima
infame esser non puote.
Vive! Gran Dio, quell'angelo,
Vive quell'angelo, vive, Gran Dio!

386. Don Carlos, amigo, permíteme decirte
que todas mis fibras
te indican que mi alma
no puede ser infame.
¡Vive! ¡Gran Dios! Ese ángel.
¡Vive ese ángel, vive, Gran Dios!

CARLO
Ma in breve morirà.
Ella vive, ma in breve morirà.

387. Pero en breve morirá.
Ella vive, pero en breve morirá.

ALVARO
No, d'un imene el vincolo
stringa fra noi la speme,
e s'ella vive insieme
cerchiamo ove fuggi.

388. No, deja que la esperanza de
nuestro vínculo nos acerque
y si ella vive juntos
busquémosla.

CARLO
Stolto!

389. ¡Tonto!

ALVARO
Giuro che ilustre origine
eguale a voi mi rende,
e che il mio stemma splende
come rifulge il di.
Ah! E sella vive,
insieme cerchiamo ove fuggi.

390. Juro que mi origen es tan ilustre
como el tuyo,
y que mi blasón brilla
como refulge el día.
¡Ah! Y si ella vive,
juntos busquémosla.

CARLO
Stolto, stolto! Fra noi dischiudesi
insanguinato avello.
Come chiamar fratello
chi tanto a me rapi?
D'eccelsa o vile origine.
È d'uopo ch'io vi spegna,
e dopo voi l'indegna
che il sangue suo tradi.

391. ¡Tonto! Entre nosotros existe
un sepulcro ensangrentado.
¿Cómo llamar hermano
a quién todo me ha quitado?
Sea excelso o vil tu origen.
Yo debo matarte,
y después de ti a la indigna
que traicionó a su sangre.

ALVARO
Che dite? Che dite?

392. ¿Qué dices? ¿Qué dices?

CARLO
Ella morrà.

393. Ella morirá.

ALVARO
Tacete, tacete!

394. ¡Calla, calla!

CARLO
Morrà il giuro a Dio!
Morrà l'infame.

395. ¡Morirá, lo juro por Dios!
Morirá la infame.

ALVARO
Voi pria cadrete nel fatal certame.

396. Tú caerás primero en la fatal lucha.

CARLO
Morte!
Ov'io non cada esanime
Leonora giungerò
Tinto ancor del vostro sangue
questo acciar le immergerò.

397. ¡Muerte!
Si no caigo exánime
Buscaré a Leonora y la mataré
con éste acero aun tinto
Con tu sangre.

ALVARO
Morte! Si!
Col brando mio
un sicario ucciderò;
il pensier volgete a Dio.
L'ora vostra alfin suonò.

398. ¡Muerte! ¡Si!
Con mi espada
te mataré como a un villano;
dirige tu pensamiento a Dios.
Tu hora al fin llegó.

CARLO
Tinto ancor... etc.
Andiam a morte, andiam! Morte!

399. Tinto en sangre... etc.
¡Vamos a la muerte, vamos!

Ellos desenvainan sus espadas y pelean furiosamente.
La patrulla llega corriendo y los separa.

PATRULLA
Fermi, arrestate!

400. ¡Alto, deténganse!

CARLO
No, la sua vita o la mia, tosto.

401. No su vida o la mía.

PATRULLA
Lunge di qua si tragga.

402. Llévenselo de aquí.

ALVARO
Forse del ciel
l'aita a me soccorre

A si mismo
403. Quizás el cielo
me ayude.

CARLO
Colui morrà!

404. ¡El morirá!

PATRULLA
Vieni!

405. ¡Ven!

CARLO
Carnefice del padre mio!

406. ¡Asesino de mi padre!

PATRULLA
Vieni!

Se lo lleva
407. ¡Ven!

ALVARO
Or che mi resta?
Pietoso Iddio, tu ispira,
illumina il mio pensier.

Al chiostro all'eremo,
ai santi altari
l'oblio, la pace
chiegga il guerrier.

408. ¿Ahora que me queda?
Dios piadoso, inspírame,
ilumina mi pensamiento.
Arroja su espada ai piso
El claustro, el retiro,
a los altares santos
la paz y el olvido
pide el guerrero.

Amanece. Ruido de tambores y de trompetas tocan diana.
Poco a poco la escena se anima.
Soidados italianos y españoles de todos los rangos emergen de las tiendas
y empiezan a alistar sus mosquetes, espadas y uniformes.
Algunos reclutas juegan a los dados.
Llega un gru po de campesinos.
Preziosilla en un puesto lee la for tuna.

VENDEDORES Y ALDEANOS
Lorché pifferi e tamburi
par che assordino la terra,
siam felici, ch'è la guerra
gioia, vita al militar.

409. Cuando el ruido de tambores y
trompetas ensordecen la tierra,
estamos felices de que la guerra
alegra y da vida al militar.

SOLDADOS
Vita gaia avventurosa,
cui non cal doman né ieri,
ché ama tutti i suoi pensieri
sol nell'oggi concentrar.

410. Vida alegre y de aventuras,
que no decae ni ayer ni mañana,
y que ama sus pensamientos
concentrados en el "hoy".

58

TODOS

Lorché piffieri e tamburi... etc.

PREZIOSILLA

Venite all'indovina
ch'e giunta di lontano
e puote a voi l'arcano
futuro decifrar.
Correte a lei d'intorno
la mano le porgete,
le amanti apprenderete
se fide il restâr.

TODOS

Andate all'indovina
la mano le porgete
le belle apprenderete
se fide a voi restâr.

PREZIOSILLA

Chi vuole il paradiso
s'accenda di valore
e il barbaro invasore
s'accinga a debellar.
Avanti, avanti avanti
predirvi sentirete
qual premio coglierete
dal vostro battagliar. Ah!

TODOS

Avanti, avanti, avanti.
Predirci sentiremo
qual premio coglierete
dal vostro battagliar.
Avanti, avanti, avanti.

SOLDADOS

Qua, vivandiere, un sorso!

UN SOLDADO

Alla salute nostra!

411. Trompetas y tambores... etc.

A las mujeres
412. Vengan a la adivina
que te dice del pasado
y puede
descifrarte el futuro.
A los soldados
Corran a rodearme
para leer en su mano
y sepan si sus amantes
les serán fieles.

413. Vayan con la adivina
a que les lea la mano
las bellas aprenderán
a permanecer fieles.

414. Quien quiera el paraíso
que se encienda de valor
y al bárbaro invasor
se apreste a derrotar.
Adelante, adelante, adelante
predecirles me oirán
cual premio recibirán
por haber luchado. ¡Ah!

415. Adelante, adelante, adelante.
Oirán que les predicen
cual premio les darán
por haber luchado.
Adelante, adelante, adelante.

416. ¡Aquí, vendedor, un trago!

El vendedor de vino le sirve una copa.

¡A nuestra salud!

TODOS
Viva!

417. ¡Viva!

SOLDADO
A Spagna ed all'Italia unite!

418. ¡A España y a Italia unidas!

TODOS
Evviva!

419. ¡Viva!

PREZIOSILLA
Al nostro eroe
Don Federico Herreros.

420. A nuestro héroe
Don Federico Herreros.

TODOS
Viva! Viva!

421. ¡Viva! ¡Viva!

SOLDADO
Ed al suo degno amico,
Don Felice de Bornos!

422. ¡Y a su digno amigo,
Don Felice de Bornos!

TODOS
Viva! Viva!

423. ¡Viva! ¡Viva!

La atención es atraida por Trabuco el vendedor que sale
de un puesto con una canasta de cosas para vender.

TRABUCO
A buon mercato chi vuol comprare
forbici, spille, sapon perfetto.
Io vendo e compro qualunque oggetto,
Concludo a pronti qualunque affar.

424. Quién quiere comprar gangas
tijeras, alfileres, jabón de olor.
Yo vendo y compro cual quiere objeto,
y pago con dinero todos mis tratos.

SOLDADO
Ho qui un monile,
quanto mi dai?

425. ¿Aquí tengo un brazalete,
cuánto me das?

SOLDADO
V'è una collana? Se vuoi la vendo.

426. Aquí un collar, lo vendo.

SOLDADO
Questi orecchini, li pagherai?

427. ¿Cuánto por estos aretes?

SOLDADOS
Vogliamo vendere.

428. Queremos vender.

Le enseñan anillos, relojes collares, etc.

LA FORZA DEL DESTINO

TRABUCO

Ma quanto vedo
tutto è robaccia, bruta robaccia.

SOLDADOS

Tale, o furfante, è la tua faccia.

TRABUCO

Pure aggiustiamoci, aggustiamoci
per ogni pezzo
do trenta soldi.

SOLDADOS

Da ladro è il prezzo.

TRABUCO

Ih, quanta furia!
C'intenderemo.
Qualch'altro soldo v'aggiungeremo.
Date qua, subito.

SOLDADOS

Purché all'istante venga il denaro
bello e sonante.

TRABUCO

Prima la merce, qua, colle buone.

SOLDADOS

A te...

TRABUCO

A te.

SOLDADOS

A te.

TRABUCO

A te, a te, benone!

SOLDADOS

A te, a te, a te.
Sì, sì, ma vattene.

TRABUCO

Che buon affar! Che buon affar!

429. Pero cuánto veo
todo es pura basura.

430. Bribón, ya conocemos tu juego.

431. Nos ajustaremos,
por cada pieza
doy treinta monedas.

432. Es precio de ladrón.

433. ¡Cuánta furia!
Nos entenderemos.
Les aumentaré una moneda
denme todo, rápido.

434. En cuanto nos des el dinero
bello y sonante.

435. Primero las cosas, yo soy honesto.

Dándole las cosas
436. Aquí tienes...

437. Aquí tienes.

438. Aquí tienes.

Tomando las cosas y pagando.
439. Aquí tienes. Muy bien.

440. Aquí tienes.
Si, ya vete.

441. ¡Qué buen negocio!

61

Se mueve hacia el otro lado del campamento

A buon mercato chi vuol comprare. Aquí están las gangas.

Entran algunos campesinos, llevando niños de la; mano.

CAMPESINOS

Pane, pan per carità;
tetti e campi devastati
n'ha la guerra, ed affamati
cerchiam pane per pietà.

442. Pan, pan por caridad;
casas y campos devastados
por la guerra, buscamos pan
por piedad.

Algunos reclutas entran escoltados. Van llorando

RECLUTAS

Povere madri deserte nel pianto
per dura forza dovemmo lasciar
Della beltà n'han rapiti all'incanto,
a' nostre case vogliamo tornar.

443. Pobres madres llorosas
que por fuerza debemos dejar
Nos han quitado el encanto
en que vivíamos.

A nuestra casa queremos regresar.

VENDEDORES

Non piangete, giovanotti,
per le madri, e per le belle;
v'ameremo quai sorelle,
vi sapremo consolar.
Certo il diavolo non siamo;
quelle lagrime tergete
al passato, ben vedete,
ora è inutile pensar.

444. No lloren, jovencitos,
por sus madres, y por sus novias
Los amaremos como hermanas,
los sabremos consolar.
Es cierto que no somos el diablo;
sequen sus lágrimas,
y viéndolo bien, en el pasado
es inútil pensar.

PREZIOSILLA

Che vergogna, che vergogna!
Su coraggio, bei figliuoli, siete pazzi?
Se piangete quai ragazzi
vi farete corbellar.
Un' occhiata a voi d'intorno,
e scommetto che indovino,
ci sarà più d'un visino
che sapravvi consolar.

445. ¡Qué vergüenza, qué vergüenza!
¿Qué poco valor tienen hijitos, están locos?
Si lloran como niños
serán el hazmerreír del pueblo.
Miren a su entorno,
les apuesto que
a más de uno
le causarán lástima.

VENDEDORES

V'ameremo quai sorelle... etc.

446. Los amaremos como a hermanas... etc.

PRAZIOSILLA

Ah, se piangete quai ragazzi...

447. Ah, lloran como niños...

62

*Los espectadores, súbitamente toman a los reclutas por los brazos
y empiezan a bailar una Tarantella.
El movimiento se generaliza, y se llega a una tumultuosa confusión*

TODOS

Nella guerra è la follia
che dee il campo rallegrar.
Viva, viva la pazzia,
che qui sola ha e regnar!
Viva! viva! Viva la pazzia!

448. En la guerra está la locura
que en el campamento nos hace alegrar.
¡Viva, viva la locura,
que aquí sola ha de reinar!
¡Viva, viva! ¡Viva la locura!

*Entra Fra Melitone y rápidamente lo incluyen en la danza
y es arrastrado con los participantes,
hasta que se las arregla para zafarse.*

MELITONE

Toh, toh! Poffare il mondo!
Oh, che tempone!
Corre ben l'avventura!
Anch'io ci sono!
Venni di Spagna a medicar ferite,
ed alme a mendicar. Che vedo!
È questo un campo di Cristiani,
o siete Turchi?
Dove s'è visto a berteggiar
la santa domenica cosi?
Ben più faccenda,
le bottiglie vi dan che le battaglie!
E invece di vestir cenere e sacco
qui si tresca con Venere, con Bacco?
Il mondo è fatto una casa di pianto.
Ogni convento ora è covo del vento.
I Santuari spelonche di ventar di sanguinari.
Perfino i tabernacoli di Cristo
fatti son ricettacoli del tristo.
Tutto va soqquadro. E la ragion?
Pro peccata vestra,
pei vostri peccati.

449. ¡Cielos! ¡Qué mundo es éste!
¡Oh, qué tiempos éstos!
He corrido muchas aventuras.
Y aún estoy aquí.
Vine de España a curar heridos,
y a salvar almas. ¡Y que veo!
¿Es éste un campamento de cristianos,
o son turcos?
¿En dónde se ha visto pisotear
el santo domingo asi?
¡Más se ocupan
de las botellas que de las batallas!
¿Y en vez de vestir cenizas
y casaca se relacionan
con Venus y con Baco?
El mundo está hecho una casa de llanto.
Todos los conventos son cuevas de viento.
Los santuarios, guaridas de san quinarios
y el tabernáculo de Cristo.
Receptáculo de malvados
Todo está desordenado. ¿Y la razón?
Vuestra vida pecadora.

SOLDADOS ITALIANOS

Ah, frate, frate!

450. ¡Ah, hermano, hermano!

MELITONE

Voi le feste calpestate,
rubite, bestemmiate.

451. Ustedes pisotearon la fiesta de la iglesia,
robaron, blasfemaron.

SOLDADOS ITALIANOS
Togone infame!

SOLDADOS ESPAÑOLES
Segui pur, padruccio.

MELITONE
E membri e capi siete d'una stampa,
tutti eretici.
Tutti, tutti, cloaca di peccati,
e finché il mondo puzzi di tal pece,
non isperi la terra alcuna pace.

SOLDADOS ITALIANOS
Dàlli, dàlli!

SOLDADOS ESPAÑOLES
Scappa, scappa!

452. ¡Infame nagua larga!

453. Cállate, padrecillo.

454. Todos ustedes tienen estampa,
de herejes.
Todos, todos son cloaca de peca
do tanto que el mundo lleno de gente
así no encuentra la paz.

455. ¡Ya, ya!

456. ¡Lárgate, lárgate!

Los soldados tratan de atrapar a Melitone, pero él los elude.

SOLDADOS Y CAMPESINOS
Rataplan, rataplan, rataplan.

PREZIOSILLA
Ratapla, rataplan, della gloria
nel soldato ritempra l'ardor;
rataplan, rataplan, di vittoria
questo suono è segnal percursor!
Rataplan, rataplan, or le schiere
son guidate raccolte a pugnar!
Rataplan, rataplan, le bandiere
del nemico si veggon piegar!
Rataplan, pim, pam, pum,
inseguite chi la terga, fuggendo, voltò...
Rataplan, le gloriose ferite
col trionfo il destin coronò.
Rataplan, rataplan, la vittoria
più rifulge de' figli al valor!
Rataplan, rataplan, la vittoria
al guerriero conquista ogni cor...

SOLDADOS Y CAMPESINOS
Rataplan, rataplan...

457. Rataplán, rataplán, rataplán.

458. ¡Rataplán, rataplán, de la gloria
al soldado le retempla el ardor;
rataplán, rataplán, de victoria
éste sonido es señal precursora!
¡Rataplán, rataplán, a formarse
y a ser guiados a pelear!
¡Rataplán, rataplán, las banderas
del enemigo se inclinan!
Rataplán, pim, pam, pum,
sigan a quien se vuelve y huye
Rataplán, a los gloriosos heridos
el destino con el triunfo corono.
¡Rataplán, rataplán, la victoria
brilla con el valor de sus hijos!
Rataplán, rataplán, la victoria
el guerrero conquista...

459. Rataplán, rataplán...

Acto IV

Escena 1.
El Monasterio de Hornachuelos

Una columnata encierra un pequeño patio plantado con ar boles de naranja y jazmines.
A la derecha la puerta a la calle, a la izquierda otra puerta con unh letrero arriba que dice
CLAUSURADO.
E Padre Guardiano, camina solemnemen te mientras lee su breviario.
Muchos limosneros, hombres y mujeres entran llevando
en sus manos platos, recipientes y ollas.

MENDIGOS

Fate la carità, fate la carità.
E un ora che aspettiamo!
Andarcene dobbiamo,
La carità.

460. ¡Por caridad, por caridad
hace una hora que esperamos!
Tenemos que irnos,
Por caridad.

Entra Fra Melitone, vistiendo un gran delantal blanco es asistido por otro fraile,
llevan una gran olla que ponen al centro de la escena.
El ayudante sale.

MELITONE

Che siete all'osteria? Quieti.

461. ¿Que están en una hostería? Quietos.

Comienza a servir la comida.

MENDIGOS

Qui, presto a me, presto a me.

462. Aquí, rápido, rápido a mí.

MELITONE

Quieti, quieti.

463. Quietos, quietos.

VIEJOS

Quante porzione a loro!
Tutti vorriam per sé.

464. ¡A ellos les sirven mucho!
Todo lo quieren para ellos.

MENDIGOS

N'ebbe già tre Maria!

465. ¡A Maria le dieron para tres!

UNA MUJER
Quattro a me.

466. A mi cuatro.

MENDIGOS
Quattro a lei!

467. ¡A ella cuatro!

UNA MUJER
Sì, perché ho sei figliuoli.

468. Si porque tiene seis hijos.

MELITONE
Perché ne avete sei?

469. ¿Por qué tienes seis?

UNA MUJER
Perché li mandò Iddio.

470. Porque Dios me los mandó.

MELITONE
Sì, Dio.
Non li avreste
se al par di me voi pure
la schiena percoteste
con aspra disciplina,
e più le notte intere
passaste recitando rosari e Miserere.

471. Si, Dios.
No los tendrías
si como yo tu
espalda golpearas
con áspera disciplina,
y pasaras las noches enteras
rezando el rosario y el Miserere.

GUARDIANO
Fratel!

472. ¡Hermano!

MELITONE
Ma tai pezzenti son di fecondità
davvero spaventosa.

473. Estas gentes tienen una
fecundidad tremenda.

GUARDIANO
Abbiate carità.

474. Ten caridad.

UN VIEJO
Un po' di quel fondaccio ancora ne donate.

475. Ahora dame un poco de aquellas sobras.

MELITONE
Il ben di Dio, briconi,
fondaccio voi chiamate?

476. ¿Bribón, llamas "sobras"
a lo que te da Dios?

VIEJOS
A me, Padre, a me.

477. A mí, padrea, mi.

VIEJAS
A me, a me.

478. A mí, a mí.

MELITONE

Oh, andantene in malora,
O il ramajuol sul capo
v'aggiusto bene or ora.
Io perdo la pazienza!

GUARDIANO

Carità!

UNA VIEJA

Più carità ne usava il Padre Raffaele.

MELITONE

Sì, si, ma in otto giornì, avutone
abbastanza di poveri e minestra
restò nella sua stanza.
E poi con tal canaglia
usar dovrò le buone?

GUARDIANO

Soffrono tanto i poveri
la carità è un dovere.

MELITONE

Carità con costoro
che il fanno per mestiere?
Che un campanile abbattere
co' pugni sarien buoni.
Che dicono fondaccio,
il ben di Dio. Bricconi...

MUJERES

Oh, il Padre Raffaele.

VIEJOS

Era un angelo, un santo!

MENDIGOS

Oh, il Padre Raffaele...

MELITONE

Non mi seccate tanto.

TODOS

Un santo, un santo! Sì, sì, un santo!

479. Pórtense bien,
O con el cucharón les daré
ahora en la cabeza.
¡Yo pierdo la paciencia!

480. ¡Caridad!

481. El Padre Rafael era más caritativo.

482. Sí, pero en ocho días, tendrán
bastante sopa en esta estancia
le traerán bastante a Melitone.
¿Y después con tales canallas
tengo que portarme bien?

483. Sufren tanto los pobres
que la caridad es un deber.

484. ¿Caridad con éstos
que no tienen oficio?
Y que abatirían un campanario
con sus puños.
Y que llaman "sobras" al bien
que Dios les da. Bribones...

485. Oh, el Padre Rafael.

486. ¡Era un ángel, un santo!

487. Oh, el Padre Rafael...

488. No me provoquen.

489. Un santo, un santo. ¡Si, si un santo!

Pateando la olla vacía.

MELITONE

Il resto a voi prendetevi,
non voglio più parole,
fuori di qua, lasciatemi,
sì, fuori, al sole, al sole;
pezzenti più di Lazzaro
sacchi di pravità...
via, via, briconi, al diavolo:
toglietevi di qua.

MENDIGOS

Oh, il Padre Raffaele...

MELITONE

Pezzenti più di Lazzaro...
Via di qua, fuori, via di qua...
Melitone furioso los golpea con su mandil,
lanzàndolos a la calle.

MELITONE

Auf! Pazienza non v'ha che basti!

GUARDIANO

Troppa dal Signor non ne aveste.
Facendo carita un dover
s'adempie da render fiero un angiol.

MELITONE

Che al mio posto in tre dì finirebbe
col minestrar de' schiaffi.

GUARDIANO

Tacete, umil sia Melitone,
né soffra se veda preferirsi Raffaele.

MELITONE

Io? No, amico gli son,
ma ha certi gesti
parla da sé...
ha cent'occhi.

GUARDIANO

Son le preci, il digiuno.

490. Tomen todo lo que queda,
No quiero más palabras,
fuera de aquí, déjenme,
si, fuera, al sol, al sol;
son más mendigos que Lázaro
sacos de maldad...
lárguense, bribones, al diablo:
lárguense de aquí.

491. Oh, el Padre Rafael...

492. Más mendigos que Lázaro...
Largo de aquí, fuera, largo...
Cierra la puerta detrás de ellos y se seca el
sudor de la cara con un sucio pañuelo.

493. ¡Auf! ¡No tengo paciencia suficiente!

494. El Señor no te da mucho.
Haciendo de la caridad un deber
que puede enorgullecer a un ángel.

495. Que en mi puesto en tres días
terminaría dándoles de bofetadas.

496. Calla, sé humilde Melitone
no sufras si ves que prefieren a Rafael.

497. ¿Yo? No, somos amigos,
pero tiene ciertos gestos
habla consigo mismo...
tiene una cierta mirada.

498. Es por las oraciones y el ayuno.

MELITONE

Ier nell'orto lavorava
cotanto stralunato,
che scherzando dissi:
Padre, un mulatto parmi.
Guardommi bieco, strinse le pugna.

GUARDIANO

Ebbene?

MELITONE

Quando cadde sul campanil la folgore,
ed usciva fra la tempesta, gli gridai:
Mi sembra Indian selvaggio...
Un urlo cacciò che mi gelava.

GUARDIANO

Che v'ha ridir?

MELITONE

Nulla, ma il guardo e penso
narraste, che il demonio
qui sette un tempo in abito da frate.
Gli fosse il Padre Raffael parente?

GUARDIANO

Giudizi temerari.
Il ver narrai, ma n'ebbe il Superior
rivelazione allora, io, no.

MELITONE

Ciò è vero! Ma strano è molto il Padre!
La ragione?

GUARDIANO

Del mondo i disinganni,
l'assidua penitenza,
le veglie, l'astinenza.
Quell'anima turbar.

MELITONE

Saranno i disinganni,
l'assidua penitenza,
le veglie, l'astineza,
che il capo gli guastâr!

499. Ayer mientras trabajaba en el huerto
parecía que sus ojos se le salían,
le dije bromeando:
Padre, parece un mulato.
E me miró y apretando su puño.

500. ¿Qué paso?

501. Cuando la luz cayó sobre el campanario,
el estalló tempestuoso y me gritó:
Parezco un indio salvaje... Luego,
gritó en tal forma que me dejó congelado.

502. ¿Y luego?

503. Nada, pero lo miré y pensé
que el demonio como nos dijiste
vivió un tiempo en habito de fraile.
¿Fuera pariente del Padre Rafael?

504. Fue un juicio temerario.
Yo conté la verdad, que le fue
revelada al Abad de esos días, no a mí.

505. ¡Es verdad! ¡Pero el Padre es muy extraño!
Me pregunto la razón.

506. Los desengaños del mundo,
son la continua penitencia,
la vigilia, la abstinencia.
Han perturbado esa alma.

507. ¡Serán los desengaños,
la continua penitencia,
la vigilia, la abstinencia
te estropean el cerebro!

GUARDIANO
Del mondo i disinganni...

MELITONE
Saranno i disinganni...

Suena violentamente la campana de la entrada.

GUARDIANO
Giunge qualcuno, aprite.

*Don Carlo entra resueltamente,
envuelto en una capa.*

CARLO
Siete il portiere?

MELITONE
È goffo ben costui!

Se apresi, parmi.

CARLO
Il Padre Raffaele?

MELITONE
Un altro!

Due ne abbiamo
l'un di Porcuna, grasso,
sordo come una talpa.
Un altro scarno, bruno, occhi.
Ciel, quali occhi! Voi chiedete?

CARLO
Quel dell'inferno.

MELITONE
È desso, è desso.

E chi annuncio?

CARLO
Un cavalier.

MELITONE
Qual boria, è un mal arnese.

---

508.   El desengaño del mundo...

509.   Seremos los desengañados...

510.   Alguien llama, abran.

511.   ¿Eres el portero?

A si mismo
512.   ¡Este es un vago!
A Carlo.
Me parece, que yo abrí.

513.   ¿El Padre Rafael?

Para si.
514.   ¡Otro!
A Carlo.
Tenemos dos
uno gordo de Porcuna,
sordo como un topo.
El otro, delgado, moreno conejos.
¡Cielos qué ojos! ¿A cuál buscas?

515.   El del infierno.

A si mismo
516.   Es él, es él.
A Carlo.
¿A quién anuncio?

517.   A un caballero.

518.   Que arrogancia, y mal vestido.

CARLO

Invano ,Alvaro
ti celasti al mondo,
a d'ipocrita veste
scudo facesti alla viltà.
Del chiostro ove t'ascondi
m'additâe la via l'odio,
e la sete di vendetta;
alcuno qui non sarà che ne divida.
Il sangue, solo il tuo sangue
può lavar l'otraggio
che macchiò l'onor mio:
e tutto il verserò, lo guiro a Dio.

519. En vano, Alvaro
te escondiste del mundo,
y te vistes de hipócrita
para ocultar tu bajeza.
El odio que te tengo y la sed
de venganza me guiaron hasta
el convento en donde te escondes;
aquí nadie nos va a separar.
La sangre solo tu sangre
puede lavar el ultraje
que manchó mi honor:
lo juro ante Dios.

Entra Don Alvaro en habito de monje

ALVARO

Fratello.

520. Hermano.

CARLO

Riconoscimi.

521. Reconóceme.

ALVARO

Don Carlo. Voi vivente!

522. Don Carlos. ¡Vives!

CARLO

Da un lustro ne vo' in traccia,
ti trovo, ah, ti trovo finalmente.
Col sangue sol cancellasi
l'infamia ed il delitto.
Ch'io ti punisca è scritto
sul libro del destrin.
Tu prode fosti, or monaco,
un'arma qui non hai...
Deggio il tuo sangue spargere.
Scegli, due ne portai.

523. Te he buscado por un lustro,
finalmente te encuentro.
Solo con sangre puede borrarse
la infamia y el delito.
Está escrito en el libro
del destino que yo te castigue.
Tú fuiste valiente, como monje,
no tienes un arma...
Antes de que tu sangre corra.
Escoge entre las dos que traje.

ALVARO

Vissi nel mondo, intendo;
or queste vesti, l'eremo,
dicon che i falli ammendo,
che penitente è il cor.
Lasciatemi, lasciatemi.

524. He vivido en el mundo, entiendo;
ahora estas ropas, el claustro,
dicen que enmiendo mis errores,
y que mi corazón es penitente.
Déjame, déjame.

CARLO
Difendere quel sajo, né il deserto
codardo, te nol possono.

525. Ni tu hábito, ni éste desierto lugar,
te defenderán, cobarde.

ALVARO
Codardo! Tale asserto.
No!, no! Assistimi, Signore!

Le minaccie, i fieri accenti
portin seco in preda i venti.
Perdonatemi, pietá, o fratel, pietà.
A che offendere cotanto
chi fu solo sventurato?
Deh, chiniam la fronte al fato,
o fratel, pietà, pietà.

526. ¡Cobarde! Tal a aseveración.
¡No, no! ¡Asísteme Señor!
A Carlo.
Que las amenazas y el fiero acento
se las lleve el viento.
¿O hermano ten piedad,
por qué ofendes tanto
a quien solo fue desventurado?
Inclinemos nuestra frente ante,
el destino, oh hermano piedad.

CARLO
Tu contamini tal nome...

527. Tú contaminas el nombre...

ALVARO
O fratel, pietà, pietà...

528. Hermano, piedad, piedad...

CARLO
Ah, una suora mi lasciasti
che tradita abbandonasti
all'infamia, al disonor.

529. A mi hermana dejaste
traicionada y abandonada
a la infamia y al deshonor.

ALVARO
No, non fu disonorata
ve lo giura un sacerdote;
sulla terra l'ho adorata
come in cielo amar si puote.
L'amo ancor, e s'ella m'ama
più non brama questo cor.

530. Nono fue deshonrada
te lo jura un sacerdote;
la he adorado en la tierra
como la amaré en el cielo.
Todavía la amo y si ella me ama
más no quiere éste corazón.

CARLO
Non sí placa il mio furore
per mendace e vile accento.
L'arme impungna, ed al cimento
scendi meco, o traditor.

531. No se aplaca mi furor
con tus viles palabras.
Empuña el arma y vayamos
oh traidor, a pelear.

ALVARO
L'amo ancor, e s'ella m'ama
più non brama questo cor.

532. Todavía la amo y si ella me ama
más no quiere éste corazón.

ALVARO

Se i rimorsi il pianto omai
non vi parlano per me,
qual nessun mi vide mai,
io mi posttro al vostro pié.

Mientras Alvaro se hinca.

CARLO

Ah, la macchia del tuo stemma
or provasti con quest'atto!

ALVARO

Desso splende più che gemma.

CARLO

Sangue il tinge di mulatto.

ALVARO

Per la gola voi mentite.
A me un brando, a me un brando.
Un brando, uscite, un brando.

CARLO

Finalmente!

ALVARO

No, no! L'inferno non trionfi.
Va, riparti.

CARLO

Ti fai dunque di me scherno?

ALVARO

Va!

CARLO

S'ora meco misurarti,
o vigliacco, non hai core,
ti consacro al disonore.

Le dà una bofetada.

ALVARO

Ah, segnasti la tua sorte!
Morte, ah, vieni morte,
vieni a morte, andiam!

533. Si el remordimiento y mi llanto
no hablan por mí,
haré lo que nadie aun ha visto,
me postraré a tus pies.

534. ¡Ah, la mancha de tu estirpe
la has probado con éste acto!

Se levanta furioso
535. Mi linaje brilla más que una gema.

536. Sangre con tinte de mulato.

537. Tu garganta miente.
Una espada para mí.
Una espada, una espada.

538. ¡Finalmente!

539. ¡No, no! El infierno no triunfará.
Vete, vete.

540. ¿Crees que te burlaras de mí?

541. ¡Vete!

542. Si no te atreves a medirte conmigo,
bellaco, no ticnes valor,
te consagraré al deshonor.

543. ¡Ah, firmaste tu suerte!
¡Muerte, ah, viene la muerte,
ven a la muerte, vamos!

CARLO

Morte, a entrambi morte,
morte, ah, vieni morte,
vieni a morte, andiam!

544. ¡Muerte para ambos, muerte,
muerte, ah, ven muerte,
venga la muerte, vamos!

Ambos salen corriendo.

Escena 2

Un solitario paraje cerca de Hornachuelos.
Un valle entre rocas inaccesibles atravezado por un rio.
A la derecha la entrada de una gruta y arriba de ella una campana
que puede ser tocada desde adentro. Es el crepúsculo.
La escena se obscurece. Gradualmente y aparase la luna llena.
Leonora, pálida y ojerosa, sale de la gruta muy agitada.

LEONORA

Pace, pace mio Dio,
pace mio Dio.
Cruda sventura
m'astringe ahimé a languir.
Come il di primo
da tant'anni dura
profondo il mio soffrir.
Pace, pace mio Dio, pace mio Dio
L'amai, gli è ver,
ma di beltà e valore
cotanto Iddio l'ornò.
Che l'amo ancor,
né togliermi dal core
l'immagin sua saprò.
Fatalità, fatalità, fatalità!
Un delitto disgiunti n'ha quaggiù!
Alvaro, io t'amo.
E su nel cielo è scritto
non ti vedrò mai più!
Oh, Dio, Dio, fa ch'io muoia;
che la calma può
darmi morte sol
Invan la pace qui sperò quest'alma
in preda a tanto duol,
in mezzo a tanto duol.

545. Paz, paz, Dios mío,
paz Dios mío.
Cruel desventura
me estruja hasta languidecer.
Como en el primer
día de tantos años
de profundo sufrir.
Paz, paz, Dios mío, paz Dios mío.
Lo amo, es verdad,
de belleza y valor
Dios lo adornó.
Todavía lo amo,
no sabré arrancarme
del corazón la imagen suya.
¡Fatalidad, fatalidad, fatalidad!
¡Un delito nos ha separado!
Alvaro, yo te amo.
¡Y en el cielo está escrito
que no te veré nunca más!
Oh, Dios, Dios, haz que yo muera;
que la calma solo puede
dármela la muerte.
En vano esta alma espera
la paz, presa de tanto dolor,
en medio de tanto dolor.

Ella cruza hasta una roca en donde hay algunas
provisiones dejadas por el Padre guardiano.

LEONORA

Misero pane, a prolungarmi vieni
la sconsolata vita.
Ma chi giunge?
Chi profanare ardisce il sacro loco?
Maledizione! Maledizione!

(continuó)

Mísero pan, viene a prolongarme
la desconsolada vida.
¿Pero quién llega?
¿Quién osa profanar el sagrado lugar?
¡Maldición! ¡Maldición!

Ella corre hacia la gruta y se encierra.
Más allá de la gruta se escucha furioso chocar de espadas.

CARLO

Io muoio!
Confessione!
L'alma salvate!

546. ¡Yo muero!
¡Confesión!
¡Salva mi alma!

Con la espada en la mano.

ALVARO

E questo ancor sangue d'un Vargas.

547. Esta es otra vez sangre de un Vargas.

ALVARO

Maledetto io sono.

548. Estoy maldito.

CARLO

Confessione.

549. Confesión.

ALVARO

Ma qui presso è un eremita.

550. Pero cerca de aquí hay un ermitaño.

Corre hacia la gruta y golpea la puerta.

A confortar correte
un uom che muor.

Corre a confortar
a un hombre que muere.

LEONORA

Nol posso.

551. No puedo.

ALVARO

Fratello! In nome del Signor.

552. Hermano, en nombre del Señor.

LEONORA

Nol posso.

553. No puedo.

Golpeando la puerta.

ALVARO

È d'uopo.

554. Está moribundo.

75

LEONORA
Temerarii, del ciel l'ira fuggite!

Suena la campana.
555. ¡Temerario, huye de la ira del cielo!

ALVARO
Una donna! Qual voce!
Ah, no, uno spettro.

556. ¡Una mujer! ¡Esa voz!
Ah, no un espectro.

LEONORA
Che miro?

Reconoce a Alvaro.
557. ¿Que veo?

ALVARO
Tu, Leonora.

558. Tú, Leonora.

LEONORA
Egli e ben denso.

559. Eres tú.

Se le acerca.

Ah, ti riveggo ancora.

Yo te veo de nuevo.

ALVARO
Lungi, lungi da me, queste mie mani
grondano sangue, indietro!

560. ¡No te acerques a mí, de mis manos
escurre sangre atrás!

LEONORA
Che mai parli?

561. ¿Qué me dices?

ALVARO
Là, giace spento un uom.

Apuntando.
562. Allí yace moribundo un hombre.

LEONORA
Tu l'uccidesti?

563. ¿Tú lo mataste?

ALVARO
Tutto tentai per evitar la pugna
Chiusi i miei dì nel chiostro.
Ei mi raggiunse,
m'insultò, l'uccisi.

564. Intenté todo para evitar la lucha
Encerrado en el claustro.
Pasé mis días, el me encontró,
me insultó y lo maté.

LEONORA
Ed era?

565. ¿Y quién era?

ALVARO
Tuo fratello!

566. ¡Tu hermano!

Corriendo hacia Carlo.

LEONORA

Gran Dio!

567. ¡Gran Dios!

ALVARO

Destino avverso,
come a scherno mi prendi!
Vive Leonora, e ritrovarla deggio
or che versai di suo fratello il sangue!

568. ¡Destino adverso,
como se burla de mí!
¡Leonora, vive y la re-encuentro cuando
he derramado la sangre de su hermano!

LEONORA

Ah!

Al lado de Carlo.

569. ¡Ah!

ALVARO

Qual grido!
Che avvenne?

570. ¡Y ese grito!
¿Qué pasa?

Leonora regresa apuñalada y sostenida por el Padre Guardiano.

ALVARO

Ella ferita!

571. ¡Ella está herida!

LEONORA

Nell'ora estrema
perdonar non seppe.
E l'onta vendicò nel sangue mio.

572. En su última hora
no supo perdonar.
Y su honor vengó con mi sangre.

ALVARO

E tu paga, non eri,
o vendetta di Dio!
Maledizione!

573. ¡Y no hay quien, pague por esto,
oh, venganza de Dios!
¡Maldición!

GUARDIANO

Non imprecare, umiliati
a Lui che è giusto e santo,
che adduce a eterni gaudii
per una via di pianto.
D'ira e fulgor sacrilego
non profferir parola,
vedi, vedi quest'angiol vola
al trono del Signor.

574. No maldigas, humíllate
ante El que es justo y santo,
y que nos lleva a la eterna
gloria por una calle de llanto.
De ira y furor sacrílego no
profieras palabra
mira a éste ángel que vuela
al trono del Señor.

LEONORA

Sì, piangi e prega.
Di Dio il perdono io ti prometto.

575. Si, llora y reza.
Te prometo el perdón de Dios.

ALVARO
Un reprobo, un maledetto io sono.
Flutto di sangue innalzasi fra noi.

LEONORA
Piangi!

GUARDIANO
Prostrati!

LEONORA
Piangi!

GUARDIANO
Prostrati!

LEONORA
Prega
Di Dio il perdono io te prometto.

ALVARO
Ah, quell'accento...

LEONORA
Prega.

ALVARO
... Più non poss'io resistere.

GUARDIANO
Prostrati!

ALVARO
Leonora, io son redento,
dal ciel son perdonato!

LEONORA Y GUARDIANO
Cielo!
Sia lode a te, Signor.

LEONORA
Lieta poss'io precederti
alla promessa terra.
Là cesserà la guerra,
santo l'amor sarà.

576. Soy un pecador, un maldito.
Un rio de sangre corre entre nosotros.

577. ¡Llora!

578. ¡Arrodíllate!

579. ¡Llora!

580. ¡Arrodíllate!

581. Reza
Te prometo el perdón de Dios.

582. Ah, esa voz...

583. Reza.

584. ... No la puedo resistir.

585. ¡Arrodíllate!

586. ¡Leonora, me he redimido,
el cielo me ha perdonado!

587. ¡Cielo!
Alabado sea el, Señor.

A Alvaro
588. Contenta me adelanto a ti
a la tierra prometida.
Allá cesará la guerra,
santo el amor será.

ALVARO

Tu mi condanni a vivere.
E m'abbandoni intanto!
Il reo soltanto
dunque impunito andrà!

LEONORA

Lieta poss'io precederti
alla promessa terra,
in ciel t'attendo, addio.

ALVARO

M'abbandoni intanto!
Deh, non lasciarmi, Leonora.

GUARDIANO

Santa, del suo martirio
ella al Signor ascenda,
e il suo morire ne apprenda
la pietà!

LEONORA

Ah, a ti precedo... Alvaro,
ah, Alvar... Ah!

ALVARO

Morta!

GUARDIANO

Salita a Dio!

589. Tú me condenas a vivir.
¡Y me abandonas!
¡Y el culpable solamente
quedará sin castigo!

590. Contenta me adelanto
a la tierra prometida,
en el cielo te espero, adiós.

591. ¡Entonces me abandonas!
No me dejes Leonora.

592. ¡Santa, en su martirio
ella asciende al Señor,
y con su muerte conozcamos
la piedad!

593. Te precedo... Alvaro,
ah, Alvar... ¡Ah!

Muere.

594. ¡Muerta!

595. ¡Ha subido con Dios!

FIN

Biografía de Giuseppe Verdi

Giuseppe Verdi nació en el seno de una familia muy modesta, el 10 de Octubre de 1813 en una pequeña población llamada Le Roncole perteneciente al Ducado de Parma en el norte de Italia, en ese entonces bajo el dominio de Napoleón.

Verdi contó desde muy joven con la protección de Antonio Barezzi, un comerciante de Busseto, pueblo vecino a Le Roncole, quien creyó en el potencial musical del joven. Gracias a su apoyo, Verdi pudo desplazarse a Milán con la intención de ingresar como estudiante al Conservatorio cosa que no logró debido a obstáculos burocráticos.

Durante 18 meses de la educación musical de Verdi, en Milán, quien se desempeñó en forma brillante como estudiante.

Sin embargo, por recomendación de Antonio Barezzi, el maestro Vincenzo Lavigna se hizo cargo durante 18 meses de la educación musical de Verdi, en Milán, quien se desempeñó en forma brillante como estudiante.

El 4 de Mayo de 1836, Verdi y Margherita, hija de Antonio Barezzi contrajeron nupcias, ambos tenían 23 años. El 23 de Marzo de 1837, Margherita dio a luz una niña que fue bautizada con el nombre de Virginia Maria Luigia.

En 1836, Verdi fue nombrado Maestro de Música de Busseto y un año después, en Milán, estrenó su primera ópera Oberto Conte di San Bonifacio que resultó todo un éxito y le procuró un contrato con el Teatro alla Scala. El 11 de Julio de 1836 nació el segundo hijo de Margherita, lo llamaron Icilio, Romano, Carlo, Antonio.

En 1840, comenzaron las desgracias en la vida de Verdi, primero enfermó su hijo y falleció, pocos días después, la niña también enfermó gravemente y murió y por último en los primeros días de Junio, Margherita contrajo la encefalitis y también falleció.

Todo esto sumió a Verdi en una profunda depresión que estuvo a punto de hacerlo abandonar su carrera musical. En esos días Ricordi su editor, le mostró el libreto de *Nabucco* que le devolvió su interés por la composición.

El 9 de Marzo de 1842 Verdi estrenó *Nabucco* en el Teatro alla Scala, el estreno constituyó un gran éxito y fue su consagración como compositor.

Durante los ensayos de *Nabucco*, Verdi conoció a Giuseppina Strepponi la protagonista de la ópera, que se convirtió en su pareja y con quien se casó en 1859 y vivió con ella hasta 1897 año en que ella murió.

Verdi escribió un total de 27 óperas, una misa de *Requiem*, un *Te Deum*, el *Himno de las Naciones*, obras para piano, para flauta, y otras obras sacras.

Verdi dejó su cuantiosa fortuna para el establecimiento de una casa de reposo para músicos jubilados que llevaría por nombre La Casa Verdi, en Milán que es en donde se encuentra enterrado junto con Giuseppina.

Verdi falleció en Milán, de un derrame cerebral el 27 de Enero de 1901 a los 88 años de edad. Su entierro causó una gran conmoción popular y al paso del cortejo fúnebre el público entonó el coro de los esclavos de *Nabucco* "*Va pensiero sull ali dorate.*"

Óperas de Verdi

Aida	*La Battaglia di Legnano*
Alzira	*La Forza del Destino*
Attila	*La Traviata*
Don Carlo	*Luisa Miller*
Ernani	*Macbeth*
Falstaff	*Nabucco*
Giovanna D'Arco	*Oberto Conte di San Bonifacio*
I Due Foscari	*Otello*
I Lombardi	*Rigoletto*
I Masnadieri	*Simon Boccanegra*
I Vespri Siciliani	*Stiffelio*
Il Corsaro	*Un Ballo in Maschera*
Il Re Lear	*Un Giorno de Regno*
Il Trovatore	

Acerca de Estas Traducciones

El Dr. Eduardo Enrique Prado Alcalá nació en 1937 en el norte de México, estudió la carrera de medicina y se especializó en cáncer ginecológico y cáncer de mama.

Ejerció su carrera durante 40 años y finalmente llegó a la edad del retiro.

Desde la edad de 42 años, se hizo aficionado a la ópera y a la música clásica y formó parte de un grupo de amigos aficionados a estas disciplinas. Tuvo la oportunidad de asistir a funciones operísticas en la Ciudad de México, en Guadalajara México, en Toluca México, en Mazatlán México, en Seattle, en Madrid y en Londres. Organizó en la Ciudad de Mazatlán tres conciertos de música clásica, uno de ellos en la catedral.

Jugum Press y Ópera en Español

Prensa publica estas traducciones de ópera por Dr. E.Enrique Prado:

Vincenzo Bellini:
Norma

Georges Bizet:
Carmen

Gaetano Donizetti:
Anna Bolena, Don Pasquale, Lucia di Lammermoor,
Lucrezia Borgia

Ruggero Leoncavallo:
I Pagliacci

Pietro Mascagni:
Cavalleria Rusticana

Wolfgang Amadeus Mozart:
Die Zauberflöte, Don Giovanni, Le Nozze di Figaro

Giacomo Puccini:
La Boheme, La Fanciulla del West, Madama Butterfly, Manon Lescaut, Tosca
El Tríptico: Gianni Schicchi, Suor Angelica, Il Tabarro

Giacchino Rossini:
Il Barbiere Di Siviglia, La Cenerentola

Giuseppe Verdi:
Aida, Un Ballo in Maschera, Don Carlo, Ernani, Falstaff, La Forza del Destino,
I Lombardi, Macbeth, Nabucco, Otello, Rigoletto, Simon Boccanegra, La Traviata,
Il Trovatore

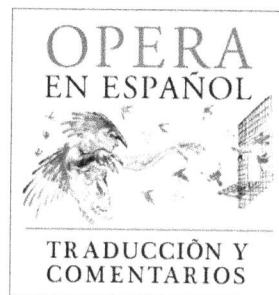

OPERA EN ESPAÑOL

TRADUCCIÓN Y COMENTARIOS

Para información y disponibilidad, por favor vea
www.operaenespanol.com
Correo: JugumPress@outlook.com
Síganos en Twitter: @jugumpress
Regístrate para nuestras noticias: http://eepurl.com/5m7tj

www.ingramcontent.com/pod-product-compliance
Lightning Source LLC
Chambersburg PA
CBHW081259040426

42452CB00014B/2567